Editionen für den Literaturunterricht
Herausgeber: Dietrich Steinbach

Das Volksbuch von Doktor Faust

1587

mit Materialien

Ausgewählt und eingeleitet
von Leander Petzoldt

Ernst Klett Verlag
Stuttgart München Düsseldorf Leipzig

* Vom Herausgeber eingesetzte Fußnoten.

[ ] Vom Herausgeber eingesetzte Titel im Materialienteil ab Seite 127.

Zur Textgestalt

Die vorliegende Edition beruht auf der Erstausgabe des Volksbuchs, die bei dem Drucker Johann Spies in Frankfurt 1587 erschien. Zugrunde gelegt wurde die kritische Ausgabe von Robert Petsch: ›Das Volksbuch vom Doctor Faust‹, Halle ^{2}1911. Zur besseren Lesbarkeit wurde die Orthographie behutsam normalisiert. Im einzelnen wurden folgende Angleichungen durchgeführt:

v > u	(Vrsach, vnd)	w > u	(Abentewr)
ů > ü	(fůrwitz)	j > i	(jhrer)
å > ä	(Zåuberei)	u > v	(Eua)
ö̊ > ö	(wö̊lle)		

Ferner wurden Doppelungen getilgt (Freuwde > Freude).

Die Abbildungen stammen aus Franz Neubert: Vom Doctor Faustus zu Goethes Faust. Mit 595 Abbildungen. Herausgegeben mit Unterstützung des Goethe-National-Museums in Weimar. Verlagsbuchhandlung von J. J. Weber, Leipzig 1932; dort Seite 3, 15, 18, 31, 33–37, 45, 46.
Die Textillustrationen erschienen zuerst in der holländischen Ausgabe des Volksbuches vom Doktor Faust, 1685.

Gedruckt auf Papier aus chlorfrei gebleichtem Zellstoff, säurefrei.

1. Auflage   1 9 8 7 6 5 | 2000 99 98 97 96

Alle Drucke dieser Auflage können im Unterricht nebeneinander benutzt werden, sie sind untereinander unverändert. Die letzte Zahl bezeichnet das Jahr dieses Druckes.

Umschlag: Zembsch' Werkstatt, München.
Fotosatz: Setzerei Lihs, Ludwigsburg.
Druck: Ludwig Auer, Donauwörth.
ISBN 3-12-351170-7

HISTORIA
Von D. Johañ
Fausten/dem weitbeschreyten
Zauberer vnnd Schwartzkünstler/

Wie er sich gegen dem Teuffel auff eine be-
nandte zeit verschrieben/ Was er hierzwischen für
seltzame Abentheuwer gesehen/ selbs angerich-
tet vnd getrieben/ biß er endtlich sei-
nen wol verdienten Lohn
empfangen.

**Mehrertheils auß seinen eygenen hin-
derlassenen Schrifften/allen hochtragenden/**
fürwitzigen vnd Gottlosen Menschen zum schrecklichen
Beyspiel/abscheuwlichen Exempel/vnd treuw-
hertziger Warnung zusammen gezo-
gen/vnd in den Druck ver-
fertiget.

IACOBI IIII.

Seyt Gott vnderthänig/widerstehet dem
Teuffel/so fleuhet er von euch.

CVM GRATIA ET PRIVILEGIO.

Gedruckt zu Franckfurt am Mayn/
durch Johann Spies.

M. D. LXXXVII.

*Titelseite der ersten Ausgabe des Volksbuches vom Doctor Faust,
Spies, Frankfurt am Main, 1587.
Sammlung Kippenberg, Leipzig.*

Wenn Faust auch nicht die philosophisch-naturwissenschaftliche Bedeutung eines Agrippa und eines Paracelsus erreichte, können wir heute sagen, daß er nicht der gewöhnliche Scharlatan war, wie bisher immer behauptet wurde. Faust nimmt eine Zwischenstellung zwischen den Gauklern und fahrenden Gesellen und den Naturphilosophen seiner Zeit ein.

Faust wird bewundert, nicht nur seiner geheimnisvollen Gaben wegen, sondern weil in ihm das Bild eines besseren Daseins des Menschen verkörpert scheint. Ohne standesmäßige Vorurteile und Reichtümer zu besitzen, wächst Faust aus der Enge und Gebundenheit des mittelalterlichen Denkens heraus. Dies wird letzten Endes der Grund dafür sein, daß sein Leben und Treiben im Volke lebendig blieb, daß sich an seine Gestalt zahlreiche Anekdoten und Erzählungen anschlossen und sogar von Paracelsus, Trithemius und Agrippa von Nettesheim auf ihn übertragen wurden.

Hans Henning: Historia von Doktor Johann Fausten. Halle 1963.

Doctor Faustus.
Nach dem so bezeichneten, von François Langlois dit Ciartres herausgegebenen Nachstich nach dem Blatt von van Vliet. Sammlung Kippenberg, Leipzig.

Inhaltsverzeichnis

* Diese Titel stehen in der Ausgabe von 1587 zwar im Inhaltsverzeichnis, fehlen jedoch im laufenden Text.

Den ehrnhafften, Wolachtbaren unnd Fürnemmen Caspar Kolln, Churfürstlichem Meyntzischen Amptschreibern, Und Hieronymo Hoff, Renthmeistern in der Graffschafft Königstein, meinen insonders gunstigen lieben Herrn und Freunden.

Gottes Gnad, meinen Gruß und Dienst zuvor, Ehrenhaffte, Wolachtbare, günstige liebe Herren und Freunde, Nach dem nun viel Jar her ein gemeine und grosse Sag in Teutschlandt von Doct. Johannis Fausti, deß weitbeschreyten Zauberers unnd Schwartzkünstlers mancherley Abenteuren gewesen, und allenthalben ein grosse nachfrage nach gedachtes Fausti Historia bey den Gastungen unnd Gesellschafften geschicht. Deßgleichen auch hin und wider bey etlichen neuen Geschichtschreibern dieses Zauberers unnd seiner Teuffelischen Künste und erschrecklichen Endes gedacht wirdt, hab ich mich selbst auch zum offtermal verwundert, daß so gar niemandt diese schreckliche Geschicht ordentlich verfassete, unnd der gantzen Christenheit zur warnung, durch den Druck mittheilete, hab auch nicht unterlassen bey Gelehrten und verständigen Leuten nachzufragen, ob vielleicht diese Histori schon allbereit von jemandt beschrieben were, aber nie nichts gewisses erfahren können, biß sie mir neulich durch einen guten Freundt von Speyer mitgetheilt und zugeschickt worden, mit begeren[1], daß ich dieselbige als ein schrecklich Exempel deß Teuffelischen Betrugs, Leibs und Seelen Mords, allen Christen zur Warnung, durch den öffentlichen Druck publicieren und fürstellen wolte. Dieweil es dann ein mercklich unnd schrecklich Exempel ist, darinn man nicht allein deß Teuffels Neid, Betrug und Grausamkeit gegen dem Menschlichen Geschlecht, sehen, sonder auch augenscheinlich spüren kan, wohin die Sicherheit, Vermessenheit unnd fürwitz letzlich einen Menschen treibe, und ein gewisse Ursach sey deß Abfalls von Gott, der Gemein-

---

(1)* mit der Bitte.

schafft mit den bösen Geistern und verderbens zu Leib und Seel, hab ich die Arbeit und Kosten so viel desto lieber daran gewendet, unnd verhoff hiemit allen denen, so sich wöllen warnen lassen, einen wolgefälligen Dienst zuerzeigen.
Dise Histori aber, Ehrnhaffte, wolachtbare, günstige liebe Herrn und Freundt, hab ich E. E.[2] und A. dedicieren und zuschreiben wöllen, nicht der Meynung, als solt dieselbige dieser Wahrnung für andern[3] bedürffen, denn mir, Gott lob, E. E. und A. sonderlicher ernst und Eiffer zu Gott, der waren Religion, Christlicher Bekändtnuß, und gehorsam auß täglicher Beywohnung und Erfahrung gnugsam bekandt, Sondern zu einem öffentlichen Zeugnuß der sonderlichen[4] Lieb und Freundschafft, die sich zwischen uns zum theil in der Schul zu Ursel, zum theil auß vieler Beywohnung und Gemeinschafft angefangen, und noch auff den heutigen Tag erhalten, auch, ob Gott wil, die ubrige zeit unsers Lebens hie auff Erden unnd in dem ewigen Vatterlandt währen und bestehen soll. Wie ich denn für meine Person darzu gantz geneigt bin, auch E. E. unnd A. also gesinnet weiß, daß sie an allem dem, was zu erhaltung dieser unser wolhergebrachten Freundschafft dienen mag, nichts werden erwinden[5] lassen. Ich erkenne mich zwar schuldig, E. E. und A. in anderm unnd mehrerm und mit allem dem, was ich vermag, zu willfahren unnd zu dienen, Weil ichs aber auff dißmal besser nicht hab, auch E. E. unnd A. durch Gottes Segen an zeitlicher Nahrung und leiblichen Gütern dermassen geschaffen und begabet weiß, daß sie meiner hierin nit bedürffen, hab ich dannoch E. E. und A. auß meiner Truckerey mit diesem geringen Büchlein verehren wöllen, Sonderlich dieweil mir auß vorigen Gesprächen bewust, daß E. E. und A. auch vor längest dieser Historien fleissig nachgefragt. Bitt derhalben, dieselbigen wollen mit diesem geringen Meßkram[6] auff dißmal von mir für gut nemmen, und mein günstige Herrn und Freundt seyn und bleiben. Thue E. E. und A.

(2)* Euer Ehrbaren und Achtbaren (Anredefloskel). (3)* vor anderen (d. h. mehr als andere). (4)* besonderen. (5)* fehlen. (6)* zur Messe verkaufte Ware.

sampt derselbigen gantzen Haußhaltung in den gnädigen Schutz unnd Schirm deß Allmächtigen befehlen, Datum Franckfurt am Mayn, Montags den 4. Sept. Anno M.D.LXXXVII.

E. E. und A.
Dienstwilliger
Johann Spies
Buchdrucker
daselbst.

Vorred an den Christlichen Leser.

Wiewol alle Sünde in ihrer Natur verdammlich sind, unnd den gewissen Zorn und Straffe Gottes auff sich tragen, so ist doch von wegen der ungleichen Umbstände immer eine Sünde grösser und schwerer, wirdt auch beydes hie auff Erden, unnd am Jüngsten Tag ernstlicher von Gott gestrafft, denn die andern, Wie unser HERR Christus selber saget, Matth. 11. Es werde Tyro, Sydon, und Sodoma am jüngsten Tag träglicher[7] ergehen, denn Chorazim, Bethsaida und Capernaum. Ohn allen zweiffel aber ist die Zauberey und Schwarzkünstlerey die gröste unnd schwereste Sünde für[8] Gott und für aller Welt, Daher auch Samuel die grobe unnd vielfältige Sünde deß Königs Sauls ein Zauberey Sünde, Abgötterey und Götzendienst nennet, 1. Sam. 15. und weiß der H. Geist alle Sünde Sauls nicht anders zubeschreiben, denn mit den zweyen Worten: Abgötterey und Zauberey, dadurch sich ein Mensch aller dings von Gott abwendet, sich den Götzen und Teuffeln ergibet, und denselben an Gottes statt mit gantzem Willen unnd Ernst dienet. Wie denn Saul von Gott gar abtrünnig wirdt, alles wider sein Wort und Befelch muhtwilliger weiß unnd wider sein eygen Gewissen fürnimmet und handlet, biß er endtlich gar an Gott verzweiffelt, den Teuffel selber zu Endor, bey der Warsagerin rahtsfraget, 1. Sam. 28. Ist

(7)* erträglicher, besser. (8)* vor.

es aber nicht ein greulicher und erschrecklicher Handel, daß ein vernünfftiger Mensch, der von Gott zu seinem Ebenbild erschaffen, und an Leib und Seel so hoch geehret und reichlich begabet, demselbigen einigen[9] waren Gott unnd Schöpffer, dem er alle Ehr unnd Gehorsam sein Lebenlang schuldig ist, so schändtlich verlassen, und sich an einen erschaffenen Geist, darzu nicht an einen guten und heyligen Geist, als die lieben heylige Engel im Himmel sind, die in irer angeschaffenen Gerechtigkeit unnd Reynigkeit bestanden, nicht dienen lassen, Sonder an einen bösen verfluchten Lügen und Mordtgeist, der in der Warheit und Gerechtigkeit nicht bestanden, unnd seiner Sünde halben auß dem Himmel in den Abgrund der Hellen verstossen worden, mit Leib unnd Seel, zu zeitlicher unnd ewiger Verdammnuß zu eygen ergeben. Was könnte doch greulichers und erschrecklichers von einem Menschen gesaget werden? Es ist auch der Teuffel nicht allein für sich ein abtrünniger, verkehrter und verdampter Geist, durch seinen Hoffart und Abfall von Gott worden, Sondern ist auch ein abgünstiger[10], listiger und verführischer Geist, Gottes unnd des Menschlichen Geschlechts wissentlicher und abgesagter Feindt, der weder Gott seine Ehr bey den Menschen, noch den Menschen Gottes Huldt unnd Seligkeit günnet, Sonder das in alle Weg nach seinem besten Vermögen hindert, und den Menschen von Gott abwendig machet. Wie er solches bald nach seinem Fall mit der That selbst leyder all zu geschwind an unsern ersten Eltern erwiesen hat, in dem er nicht allein Gottes außtrücklich Gebott ubel und anders, als es gemeynet, deutet, und Gott beschuldiget, als ob er den erschaffenen Menschen die höchste Seligkeit mißgünne, Sondern reitzet auch Evam eben dardurch zum Ungehorsam gegen Gott, und leuget und treuget so lang und viel, biß er endlich nit allein Evam, sondern auch durch das Weib Adam selbst zu Fall bringt, und so viel an im ist, nicht allein sie beyde, Sondern auch das gantz Menschliche Geschlecht ins zeitlich und ewig Verderben stürtzet. Unnd ob wol hernach Gott sich

(9)* einzigen, einen. (10)* neidischer.

wider uber die Menschen erbarmet, und inen durch deß Weibs Samen zu recht geholffen, auch zwischen der Teuffelischen Schlangen eine Feindschafft gesetzt, so lässet doch der Teuffel nit nach, dem Menschlichen Geschlecht nachzustellen, unnd sie zu allen Sünden, zeitlicher unnd ewiger Straff zu reitzen, unnd zu verführen, wie 1. Pet. 5. steht: Euer Widersacher der Teuffel geht umbher, wie ein brüllender Löuwe, und suchet, welchen er verschlinge. Ja wenn er gleich einmal bey einem Menschen fehlgeschlagen und abgewiesen, oder wider außgetrieben worden, so lässet er doch nicht nach, sondern suchet wider an, und wo er einen sicheren Menschen antrifft, nimmt er sieben ärgere Geister zu sich, kehret ein und wohnet da, und wirdt mit einem solchen Menschen ärger als vorhin, Luc. 11. Derhalben uns auch der getreue Gott so treulich und ernstlich für deß Teuffels Grieffen[11], Listen, und sonderlichen vor den Zauberischen Schwartzkünsten wahrnet, und uns dieselbige bey höchster unnd eusserster Straff verbeut[12], daß unter seinem Volck kein Zauberer seyn, keiner auch die Zauberer rahtsfragen soll. Levit. 19. Ihr solt euch nicht wenden zu den Warsagern, unnd forschet nicht an den Zeichendeutern, daß ir nicht an inen verunreiniget werdet. Denn ich bin der HERR euer Gott. Deut. 18. Du solt nicht lernen thun die Greuel dieser Völcker, daß nicht unter dir funden werde, der sein Sohn oder Tochter durchs Feuer gehen lasse, oder ein Weissager, oder ein Tagwehler, oder der auff Vogelschrey achte, oder ein Zauberer oder Beschwerer, oder Warsager, oder ein Zeichendeuter, oder der die Todten frage, Denn wer solches thut, der ist dem HERRN ein Greuel, und umb solcher Greuel willen vertreibet sie der HERR Gott für dir her. Es dräwet[13] auch Gott den Zauberern und Schwartzkünstlern und iren Anhängern die höchste Straff, unnd befilcht der Obrigkeit dieselbige an inen zuexequirn[14]. Levit. 20. Wenn ein Mann oder Weib ein Warsager oder Zeichendeuter seyn wirdt, die sollen deß Todts sterben, man soll sie steinigen, ir Blut sey auff inen. Wer auch jemals Historien gelesen, der wirt befin-

(11)* Griffen. (12)* verbietet. (13)* droht. (14)* auszuführen.

den, wenn gleich die Obrigkeit ir Ampt hierin nit gethan, daß doch der Teuffel selbst zum Hencker an den Schwartzkünstlern worden. Zoroastres, den man für Misraim, deß Chams Sohn, helt, ist von dem Teuffel selbst verbrennet worden. Einen andern Zauberer, der sich vermessen, die Zerstörung der Statt Troia einem fürwitzigen Fürsten zu representieren unnd für die Augen zu stellen, hat der Teuffel lebendig hinweg in die Lufft geführet, Joannes Franciscus Picus. Deßgleichen hat er auch einem Graffen von Matiscona uber seiner Zauberey gelohnet, Hugo Cluniacensis. Ein anderer Zauberer zu Saltzburg, wolt alle Schlangen in ein Gruben beschweren, war aber von einer grossen und alten Schlang mit in die Gruben gezogen und getödtet, Wierus de præstigiis Dæmonum lib. 2. ca. 4. In Summa, der Teuffel lohnet seinen Dienern, wie der Hencker seinem Knecht, unnd nemmen die Teuffelsbeschwerer selten ein gut Ende, wie auch an D. Johann Fausto zusehen, der noch bey Menschen Gedächtnuß gelebet, seine Verschreibung unnd Bündtnuß mit dem Teuffel gehabt, viel seltzsamer Abentheur und greuliche Schandt und Laster getrieben, mit fressen, sauffen, Hurerey und aller Uppigkeit, biß im zu letzt der Teuffel seinen verdienten Lohn gegeben, und im den Halß erschrecklicher weiß umbgedrehet. Damit ist es aber noch nicht gnug, sondern es folgt auch die ewige Straff unnd Verdammnuß, daß solche Teuffelsbeschwerer endtlich zu irem Abgott dem Teuffel in Abgrund der Hellen fahren, und ewiglich verdampt seyn müssen. Wie Paulus Galat. 5. sagt: Wer Abgötterey und Zauberey treibe, werde das Reich Gottes nicht ererben. Unnd Apocal. 21. Der Zauberer, Abgöttischen und Lügener Theil werde seyn in dem Pful, der mit Feuer und Schweffel brennet, welches ist der ander Todt. Das heisset dann fein geschertzt und gekurtzweilet mit dem Teuffel, unnd das suchet der Schadenfro, daß er die Menschen durch sein Zauberey an Leib und Seel schände unnd verderbe. Wie soll und kan es auch wol anders gehen, wann ein Mensch seinen Gott und Schöpffer verlassen, Christum seinen Mittler verläugnet, den im H. Tauff mit der H. Dreyfaltigkeit auffgerichten Bund vernichtiget, alle

Gnaden und Gutthaten Gottes, unnd sein eygen Heyl unnd Wolfahrt zu Leib und Seel in die Schantz schläget, den Teuffel zu Gast lädet, Bündnussen mit im auffrichtet, und also bey dem Lügen und Mordgeist Warheit und Glauben, bey einem wissentlichen unnd abgesagten Feind guten Raht und Lehr, und bey dem verdampten Helledrachen einige Hoffnung, Glück und Segen suchet. Das ist ja kein Menschliche Schwachheit, Thorheit und vergeßlichkeit, oder, wie es S. Paulus nennet, ein Menschliche Versuchung, Sondern ein recht Teuffelische Boßheit, ein muhtwillige Unsinnigkeit und greuliche Verstockung, die mit Gedancken nimmermehr ergründet, geschweige dann mit Worten außgesprochen werden kan, darob auch ein Christenmensch, wann ers nur nennen höret, sich von Hertzen entsetzen und erschrecken muß.

Fromme Christen aber werden sich für solchen Verführungen und Blendungen deß Teuffels wissen zuhüten, unnd bey dieser Historien fleißig bedencken die Vermahnung, Jacob. 4. Seit Gott unterthänig, widerstehet dem Teuffel, so fleuhet[15] er von euch, nähet euch zu Gott, so nähet er sich zu euch. Und Eph. 6. Seit starck in dem HERREN, unnd in der Macht seiner Stärcke, ziehet an den Harnisch Gottes, daß ihr bestehen könnet wider die listige Anläuff deß Teuffels. Sollen ihnen auch fürstellen das Exempel Christi, welcher den Teuffel mit Gottes Wort von sich treibet, unnd alle Anfechtungen uberwindet.

Damit aber alle Christen, ja alle vernünfftige Menschen den Teuffel und sein Fürnemmen desto besser kennen, unnd sich darfür hüten lernen, so hab ich mit Raht etlicher gelehrter und verstendiger Leut das schrecklich Exempel D. Johann Fausti, was sein Zauberwerck für ein abscheulich End genommen, für die Augen stellen wöllen, Damit auch niemandt durch diese Historien zu Fürwitz und Nachfolge möcht gereitzt werden, sind mit fleiß umbgangen unnd außgelassen worden die formæ coniurationum[16], unnd was sonst darin ärgerlich seyn möchte, unnd allein das gesetzt, was jederman zur Warnung unnd Besserung

---

(15)* flieht. (16)* Beschwörungsformeln.

dienen mag. Das wöllest du Christlicher Leser zum besten verstehen, und Christlich gebrauchen, auch in kurtzem deß Lateinischen Exemplars von mir gewertig seyn. Hiemit Gott befolen.

1 Historia vonn D. Johann Fausten, deß weitbeschreyten Zauberers, Geburt und Studiis.

Doctor Faustus ist eines Bauern Sohn gewest, zu Rod, bey Weinmar[17] bürtig, der zu Wittenberg ein grosse Freundschafft gehabt, deßgleichen seine Eltern Gottselige unnd Christliche Leut, ja sein Vetter, der zu Wittenberg seßhafft, ein Bürger, und wol vermögens gewest, welcher D. Fausten aufferzogen, und gehalten wie sein Kind, dann dieweil er ohne Erben war, nam er diesen Faustum zu einem Kind und Erben auff, ließ ihn auch in die Schul gehen, Theologiam zu studieren. Er aber ist von diesem Gottseligen Fürnemmen abgetretten und Gottes Wort mißbraucht. Derhalben wir solche Eltern unnd Freundt, die gern alles guts und das best gesehen hetten, wie solches alle fromme Eltern gern sehen, und darzu qualificiert seind, ohne Taddel seyn lassen, und sie in die Historiam nicht mischen sollen. So haben auch seine Eltern dieses Gottlosen Kindes Greuel nit erlebt noch gesehen. Denn einmal gewiß, daß diese Eltern deß D. Fausti (wie menniglich zu Wittenberg bewußt) sich gantz hertzlich erfreuet haben, daß ir Vetter in als ein Kindt auffname, und als darnach die Eltern sein trefflich ingenium[18] unnd memoriam[19] an im spürten, ist gewißlich erfolget, daß diese Eltern grosse Fürsorg für ihn getragen haben, gleich wie Hiob, am I. Capit. für sein Kinder gesorget hat, damit sie sich am HERRN nicht versündigten. Es folget darneben auch offt, daß fromme Eltern Gottlose, ungerahtene Kinder haben, wie am Cain, Gen. 4. An Ruben, Genes. 49. Am Absolon, 2. Reg. [3.] 15. und 18. zusehen ist. Das ich

(17)* Weimar. (18)* Begabung. (19)* Gedächtnis.

weil es viele gegeben hat

darumb erzehle, dieweil ir viel gewest, so diesen Eltern viel Schuld unnd Unglimpff fürwerffen, die ich hiemit excusirt[20] wil haben, daß solch Larven die Eltern nicht allein als schmehehafft, sondern als hette Faustus von seinen Eltern gesogen, da sie etlich Artickel fürgeben, Nemlich, sie haben im allen Mutwillen in der Jugend zugelassen[21], und ihn nicht fleissig zum studieren gehalten, das ist inen den Eltern auch verkleinerlich. Item, da die Freundt seinen geschwinden Kopff[22] gesehen haben, und er zu der Theologia nicht viel Lust gehabt, unnd darzu bekandt, auch offentlich ein Ruff unnd Sag gewest, Er gehe mit der Zäuberey umb, in bey zeiten solten gewarnet und darvon abgemahnet haben. Solches alles seyn somnia[23], denn sie hierinnen nicht sollen verkleinert werden, dieweil an inen kein Schuld ist. Für eins, ad propositum[24].

Als D. Faust eins gantz gelernigen und geschwinden Kopffs, zum studiern qualificiert und geneigt war, ist er hernach in seinem Examine von den Rectoribus so weit kommen, daß man in in dem Magistrat examiniert, unnd neben im auch 16. Magistros, denen ist er im Gehöre, Fragen unnd Geschickligkeit obgelegen[25] und gesieget, Also, daß er seinen Theil gnugsam studiert hat, war also Doctor Theologiæ. Daneben hat er auch einen thummen, unsinnigen unnd hoffertigen Kopff gehabt, wie man in denn allezeit den Speculierer genennet hat, Ist zur bösen Gesellschafft gerahten, hat die H. Schrifft ein weil hinder die Thür unnd unter die Banck gelegt, ruch und Gottloß gelebt (wie denn diese Historia hernach gnugsam gibt). Aber es ist ein wahr Sprichwort: Was zum Teuffel wil, das läßt sich nicht auffhalten, noch im wehren. Zu dem fand D. Faustus seines gleichen, die giengen mit Chaldeischen, Persischen, Arabischen und Griechischen Worten, figuris[26], characteribus[27], coniurationibus[28], incantationibus[29], unnd wie solche Namen der Beschwerung und Zauberey

---

(20)* entschuldigt. (21)* ... daß solche Larven (Kinder) nicht allein schmählich für die Eltern sind, so als hätte Faust seine Veranlagung von seinen Eltern her, da etliche behaupten, die Eltern hätten ihm in der Jugend allen Willen gelassen ... (22)* schnelle Auffassungsgabe. (23)* Träume, Hirngespinste. (24)* zur Sache. (25)* überlegen.

mögen genennet werden. Und diese erzehlte Stück waren lauter Dardaniæ artes[30], Nigromantiæ[31], carmina[32], veneficium[33], vaticinium[34], incantatio[35], unnd wie solche Bücher, Wörter und Namen genennt werden mögen. Das gefiel D. Fausto wol, speculiert und studiert Nacht und Tag darinnen, wolte sich hernacher keinen Theologum mehr nennen lassen, ward ein Weltmensch, nandte sich ein D. Medicinæ, ward ein Astrologus unnd Mathematicus, und zum Glimpff ward er ein Artzt, halff erstlich vielen Leuten mit der Artzeney, mit Kräutern, Wurtzeln, Wassern, Träncken, Recepten und Clistiern, darneben ohne Ruhm war er Redsprechig[36], in der Göttlichen Schrifft wol erfahren, Er wuste die Regel Christi gar wol: Wer den Willen des HERRN weiß, und thut in nicht, der wirdt zwyfach geschlagen. Item, Niemand kan zweyen Herren dienen. Item, du solt Gott den HERREN nicht versuchen. Diß alles schlug er in Windt, setzte seine Seel ein weil uber die Uberthür[37], darumb bey ihm kein entschuldigung seyn soll.

2 D. Faustus ein Artzt, und wie er den Teuffel beschworen hat.

---

(26)* Zeichen. (27)* Charakter; Bezeichnung und Zeichen für die Eigenart eines Dinges (besonders in der Alchimie und Wahrsagekunst). (28)* Beschwörungen. (29)* Anrufungen. (30)* heidnische Künste. (31)* Schwarzkünste. (32)* Zaubersprüche. (33)* Giftmischerei. (34)* Wahrsagerei. (35)* Anrufung (Hexerei). (36)* redegewandt. (37)* setzte seine Seele hintan.

Wie obgemeldt worden, stunde D. Fausti Datum[38] dahin, das zulieben, das nicht zu lieben war, dem trachtet er Tag und Nacht nach, name an sich Adlers Flügel, wolte alle Gründ am Himmel und Erden erforschen, dann sein Fürwitz, Freyheit und Leichtfertigkeit stache unnd reitzte ihn also, daß er auff eine zeit etliche zäuberische vocabula[39], figuras[40], characteres und coniurationes, damit er den Teufel vor sich möchte fordern, ins Werck zusetzen, und zu probiern im[41] fürname. Kam also zu einem dicken Waldt, wie etliche auch sonst melden, der bey Wittenberg gelegen ist, der Spesser Wald genandt, wie dann D. Faustus selbst hernach bekandt hat. In diesem Wald gegen Abend in einem vierigen Wegschied[42] machte er mit einem Stab etliche Circkel[43] herumb, und neben zween, daß die zween, so oben stunden, in grossen Circkel hinein giengen, Beschwure also den Teuffel in der Nacht, zwischen 9 unnd 10 Uhrn. Da wirdt gewißlich der Teuffel in die Faust gelacht haben, und den Faustum den Hindern haben sehen lassen, und gedacht: Wolan ich wil dir dein Hertz unnd Muht erkühlen, dich an das Affenbäncklin setzen, damit mir nicht allein dein Leib, sondern auch dein Seel zu Theil werde, und wirst eben der recht seyn, wohin ich nit (wil) ich dich meinen Botten senden, wie auch geschach, unnd der Teuffel den Faustum wunderbarlich äfft unnd zum Barren[44] bracht. Denn als D. Faustus den Teuffel beschwur, da ließ sich der Teuffel an, als wann er nicht gern an das Ziel und an den Reyen käme, wie dann der Teuffel im Wald einen solchen Tumult anhub, als wolte alles zu Grund gehen, daß sich die Bäum biß zur Erden bogen, Darnach ließ der Teuffel sich an, als wann der Waldt voller Teuffel were, die mitten und neben deß D. Fausti Circkel her bald darnach erschienen, als wann nichts denn lauter Wägen da weren, darnach in vier Ecken im Wald giengen in Circkel zu, als Boltzen und Stralen, dann bald ein grosser Büchsenschuß, darauff ein Helle erschiene, Und sind im Wald viel löblicher Instrument,

(38)* Absicht. (39)* Worte. (40)* Zeichen. (41)* sich. (42)* vierfache Kreuzung. (43)* Kreise. (44)* zum Narren hielt.

Music unnd Gesäng gehört worden, Auch etliche Täntze, darauff etliche Thurnier mit Spiessen und Schwerdtern, daß also D. Fausto die weil so lang gewest, daß er vermeynt auß dem Circkel zu lauffen. Letztlich faßt er wider ein Gottloß und verwegen Fürnemen[45], und beruhet oder stunde in seiner vorigen condition[46], Gott geb, was darauß möchte folgen, hube gleich wie zuvor an, den Teuffel wider zu beschweren, darauff der Teuffel ihm ein solch Geplerr vor die Augen machte, wie folget: Es ließ sich sehen, als wann ob dem Circkel ein Greiff oder Drach schwebet, und flatterte, wann dann D. Faustus seine Beschwerung brauchte, da kirrete das Thier jämmerlich, bald darauff fiel drey oder vier klaffter hoch ein feuriger Stern herab, verwandelte sich zu einer feurigen Kugel, deß dann D. Faust auch gar hoch[47] erschracke, jedoch liebete[48] im sein Fürnemmen, achtet ihms hoch, daß ihm der Teuffel unterthänig seyn solte, wie denn D. Faustus bey einer Gesellschafft sich selbsten berühmet, Es seye ihm das höchste Haupt auff Erden unterthänig und gehorsam. Darauff die Studenten antworteten, sie wüßten kein höher Häupt, denn den Keyser, Bapst oder König. Drauff sagt D. Faustus, das Häupt, das mir unterthänig ist, ist höher, bezeugte solches mit der Epistel Pauli an die Epheser, der Fürst dieser Welt, auff Erden und unter dem Himmel, etc. Beschwur also diesen Stern zum ersten, andern[49], und drittenmal, darauff gieng ein Feuerstrom eines Manns hoch auff, ließ sich wider herunder, unnd wurden sechs Liechtlein darauff gesehen. Einmal sprang ein Liechtlin in die Höhe, denn das ander hernider, biß sich enderte und formierte ein Gestalt eines feurigen Manns, dieser gieng umb den Circkel herumb ein viertheil Stund lang. Bald darauff endert sich der Teuffel und Geist in Gestalt eines grauen Münchs, kam mit Fausto zusprach, fragte, was er begerte. Darauff war D. Fausti Beger[50], daß er morgen umb 12 Uhrn zu Nacht ihm erscheinen solt in seiner Behausung, deß sich der Teuffel ein weil wegerte[51].

---

(45)* Vorsatz. (46)* Stellung. (47)* sehr. (48)* gefiel. (49)* zweiten. (50)* Begehren, Wunsch. (51)* weigerte.

D. Faustus beschwur ihn aber bey seinem Herrn, daß er im sein Begern solte erfüllen, und ins Werck setzen. Welches im der Geist zu letzt zusagte, und bewilligte.

3 Folget die Disputation D. Fausti mit dem Geist.

Doctor Faustus, nach dem er morgens zu Hauß kame, beschiede er den Geist in seine Kammer, als er dann auch erschiene, anzuhören, was D. Fausti begeren were. Und ist sich zu verwundern, daß ein Geist, wo Gott die Handt abzeucht, dem Menschen ein solch Geplerr kan machen. Aber wie das Sprichwort lautet, solche Gesellen müssen doch den Teuffel endlich sehen, hie oder dort. D. Faustus hebt sein Gauckelspiel widerumb an, beschwur in von neuem, legt dem Geist etliche Artickel[52] für:

I. Erstlich, daß er ihm solt unterthänig und gehorsam seyn, in allem was er bete[53], fragte oder zumuhte, biß in sein Fausti Leben und Todt hinein.

II. Daneben solt er im das jenig, so er von im forschen[54] würd, nicht verhalten[55].

III. Auch daß er im auff alle Interrogatorien[56] nichts unwarhafftigs respondiern[57] wölle.

Darauff im der Geist solchs abschlug, wegerte sich dessen, gab sein Ursachen für, er hette keinen vollkommlichen Gewalt, dann so ferrn biß ers von seinem Herrn, der uber in herrschete, erlangen könnte, und sprach: Lieber Fauste, dein Begeren zu erfüllen, stehet nicht in meiner Kur[58] und Gewalt, sondern zu dem hellischen Gott. Antwort D. Faustus darauff: Wie sol ich das verstehen, bistu nit mächtig gnug dises Gewalts. Der Geist antwort, nein. Spricht Faustus wider zu ime: Lieber, sage mir die Ursach? Du solt wissen, Fauste, sprach der Geist, daß unter uns gleich so wol ein Regiment und Herrschafft ist, wie auff Erden, dann wir haben unsere Regierer und Regenten, und

---

(52)* Fragen. (53)* bitte. (54)* fragen. (55)* verheimlichen. (56)* Fragen. (57)* antworten. (58)* Wahl.

(52) Forderungen

Diener, wie auch ich einer bin, unnd unser Reich nennen wie[59] die Legion. Dann ob wol der verstossen Lucifer auß Hoffart und Ubermuht sich selbst zu Fall gebracht, hat diser ein Legion unnd ihr viel der Teuffel ein Regiment[60] auffgericht, den wir den Orientalischen Fürsten nennen, denn seine Herrschafft hatte er im Auffgang[61], Also ist auch eine Herrschafft in Meridie, Septentrione und Occidente[62], und dieweil Lucifer, der gefallene Engel, seine Herrschafft unnd Fürstenthumb auch unter dem Himmel hat, müssen wir uns verendern, zu den Menschen begeben, denselben unterthänig seyn. Denn sonst köndte der Mensch mit allem seinem Gewalt und Künsten ihm[63] den Lucifer nicht unterthänig machen, es sey dann, daß er ein Geist sende, wie ich gesandt bin. Zwar wir haben dem Menschen das rechte Fundament unserer Wohnung nie offenbaret, wie auch unser Regierung und Herrschafft, dann nach Absterben deß verdampten Menschen, der es erfehrt und innen wirt. D. Faustus entsetzt sich darob, und sprach: Ich wil darumb nicht verdampt seyn, umb deinet willen. Antwort der Geist:

Wiltu nit, so hats doch kein Bitt,
Hats denn kein Bitt, so mustu mit,
Helt man dich, so weistu es nit,
Dennoch mustu mit, da hilfft kein Bitt,
Dein verzweiffelt Hertz hat dirs verschertzt.

Darauff sagt D. Faustus, hab dir S. Veltins Grieß und Crisam[64], heb dich von dannen. Da nun der Geist entweichen wolt, ward D. Faustus von stund an eines andern zweiffelhafftigen Gemühts, und beschwure in, daß er ihm auff Vesper zeit widerumb allda solte erscheinen, und anhören, was er im weiter würde fürtragen. Das im der Geist bewilligte, und also vor ihm verschwande. Es ist hie zu sehen deß Gottlosen Fausti Hertz und Opinion[65], da der Teuffel ihm, wie man sagt, den armen Judas sang, wie er in

---

(59)* muß heißen: wir. (60)* Herrschaft. (61)* Osten. (62)* Süden, Norden und Westen. (63)* sich. (64)* Verwünschung. (65)* Meinung.

Hierarchie unter den Teufeln;

der Hell seyn müste, und doch auff seiner Halßstarrigkeit beharret.

4 Die andere[66] Disputation D. Fausti mit dem Geist, so Mephostophiles genennet wirdt.

Abendts oder umb Vesperzeit, zwischen drey und vier Uhren, erschien der fliegende Geist dem Fausto wider, der erbotte sich ihm in allem Unterthänig und gehorsam zu seyn, dieweil im von seinem Obersten Gewalt gegeben war, unnd sagt zu D. Fausto: Die Antwort bring ich dir, unnd Antwort mustu mir geben. Doch wil ich zuvor hören, was dein Beger sey, dieweil du mir aufferleget hast, auff diese Zeit zu erscheinen. Dem gab D. Faustus Antwort, jedoch zweiffelhafftig und seiner Seelen schädlich, denn sein Datum stunde anders nit, dann daß er kein Mensch möchte seyn, sondern ein Leibhafftiger Teuffel, oder ein Glied darvon, und begert vom Geist wie folgt:

Erstlich, daß er auch ein Geschickligkeit, Form unnd Gestalt eines Geistes möchte an sich haben und bekommen.

Zum andern, daß der Geist alles das thun solte, was er begert, und von ihm haben wolt.

---

(66)* zweite.

Zum dritten, daß er im gefliessen, unterthänig und gehorsam seyn wolte, als ein Diener.

Zum vierdten, daß er sich allezeit, so offt er in forderte und berufte, in seinem Hauß solte finden lassen.

Zum fünfften, daß er in seinem Hause wölle unsichtbar regiern, und sich sonsten von niemandt, als von im sehen lassen, es were denn sein Will und Geheiß.

Und letzlich, daß er ihm, so offt er ihn forderte, unnd in der Gestalt, wie er ihm aufferlegen würde, erscheinen solt.

Auff diese sechs Puncten antwort der Geist dem Fausto, daß er ihm in allem wolt willfahren und gehorsamen, so ferrn daß er im dagegen auch etlich fürgehaltene Artickel wölle leisten, und wo er solches thue, sol es weiter kein noht haben, und seind diß darunter deß Geistes etliche Artickel gewesen:

Erstlich, daß er, Faustus, verspreche und schwere, daß er sein, deß Geistes, eygen seyn wolte.

Zum andern, daß er solches zu mehrer Bekräfftigung, mit seinem eygen Blut wölle bezeugen, und sich darmit also gegen im verschreiben.

Zum dritten, daß er allen Christgläubigen Menschen wölle feind seyn.

Zum vierdten, daß er den Christlichen Glauben wölle verläugnen.

Zum fünfften, daß er sich nicht wölle verführen lassen, so ihne etliche wöllen bekehren.

Hingegen wölle der Geist ihme, Fausto, etliche Jahr zum Ziel setzen, wann solche verloffen[67], soll er von ihme geholt werden, Und so er solche Puncten halten würde, soll er alles das haben, was sein Hertz belüste und begerte, unnd soll er alsbaldt spüren, daß er eines Geistes gestallt unnd weise haben würde. D. Faustus war in seinem Stoltz unnd Hochmut so verwegen, ob er sich gleich ein weil besunne, daß er doch seiner Seelen Seligkeit nicht bedencken wolte, sondern dem bösen Geist solches darschlüge, unnd alle Artickel zuhalten verhiesse. Er meynet der

(67)* vergangen.

Teuffel wer nit so schwartz, als man ihn mahlet, noch die Hell so heiß, wie mann davon sagte, etc.

5 Das dritte Colloquium[68] D. Fausti mit dem Geist von seiner Promission[69].

Nach dem D. Faustus dise Promission gethan, forderte er deß andern Tags zu Morgen früe den Geist, dem aufferlegte er, daß, so offt er in forderte, er im in gestallt und Kleydung eines Franciscaner Münchs, mit einem Glöcklin erscheinen solte, und zuvor etliche Zeichen geben, damit er am Geläut könnte wissen, wenn er daher komme. Fragte den Geist darauff, wie sein Name, unnd wie er genennet werde? Antwortet der Geist, er hieß Mephostophiles. Eben in dieser Stundt fellt dieser Gottloß Mann von seinem Gott und Schöpffer ab, der ihne erschaffen hatt, ja er wirdt ein Glied deß leydigen Teuffels, unnd ist dieser Abfall nichts anders, dann sein stoltzer Hochmuht, Verzweifflung, Verwegung[70] und Vermessenheit, wie den Riesen war, darvon die Poeten dichten, daß sie die Berg zusammen tragen, und wider Gott kriegen wolten, ja wie dem bösen Engel, der sich wider Gott setzte, darumb er von wegen seiner Hoffahrt unnd Ubermuht von GOTT verstossen wurde. Also wer hoch steygen wil, der fellet auch hoch herab.
Nach diesem richtet D. Faustus, auß grosser seiner Verwegung und Vermessenheit, dem bösen Geist sein Instrument[71], Recognition[72], brieffliche Urkund und Bekanntnuß auff. Dieses war ein greulich und erschrecklich Werck, und ist solche Obligation[73], nach seinem elenden Abschied[74], in seiner Behausung gefunden worden. Solches wil ich zur Warnung und Exempel aller frommen Christen melden, damit sie dem Teuffel nicht statt geben, und sich an Leib und Seel mögen verkürtzen, wie dann D. Faustus baldt hernach seinen armen famulum[75] unnd Diener auch mit

---

(68)* Unterredung. (69)* Versprechen. (70)* Verwegenheit. (71)* Verschreibung, Schriftstücke. (72)* Anerkennung. (73)* Verpflichtung. (74)* Sterben. (75)* Gehilfe.

diesem Teuffelischen Werck verführt hat. Als diese beyde Partheyen sich miteinander verbunden, name D. Faustus ein spitzig Messer, sticht ihme[76] ein Ader in der lincken Hand auff, unnd sagt man warhafftig, daß in solcher Hand ein gegrabne unnd blutige Schrifft gesehen worden, O Homo fuge, id est[77], O Mensch fleuhe vor ihme und thue recht, etc.

6 D. Faustus läst ihm[78] das Blut herauß in einen Tiegel, setzt es auff warme Kolen, und schreibt, wie hernach folgen wirdt.

Ich Johannes Faustus D. bekenne mit meiner eygen Handt offentlich, zu einer Bestettigung, unnd in Krafft diß Brieffs. Nach dem ich mir fürgenommen die Elementa zu speculieren, und aber auß den Gaaben, so mir von oben herab bescheret, und gnedig mitgetheilt worden, solche Geschickligkeit in meinem Kopff nicht befinde, unnd solches von den Menschen nicht erlehrnen mag, So hab ich gegenwertigem gesandtem Geist, der sich Mephostophiles nennet, ein Diener des Hellischen Printzen in Orient, mich untergeben, auch denselbigen, mich solches zuberichten und zu lehren, mir erwehlet, der sich auch gegen mir versprochen, in allem underthenig unnd gehorsam zuseyn.

(76)* sich. (77)* das heißt. (78)* sich.

Dagegen aber ich mich hinwider gegen ihme verspriche und verlobe, daß so 24 Jahr, von Dato diß Brieffs an, herumb und füruber gelauffen, er mit mir nach seiner Art und weiß, seines Gefallens, zuschalten, walten, regieren, führen, gut macht haben solle, mit allem, es sey Leib, Seel, Fleisch, Blut und gut, und das in sein Ewigkeit. Hierauff absage ich allen denen, so da leben, allem Himmlischen Heer, und allen Menschen, und das muß seyn. Zu festem Urkundt unnd mehrer Bekräfftigung, hab ich disen Receß[79] eigner Hand geschrieben, underschrieben, und mit meinem hiefür getrucktem[80] eygen Blut, meines Sinns, Kopffs, Gedancken unnd Willen, verknüpfft, versiegelt und bezeuget, etc.

Subscriptio[81],

Johann Faustus, der Erfahrne der Elementen, und der Geistlichen Doctor.

7 Wider D. Fausti Verstockung, ist dieser Verß und Reymen wol zusagen.

Wer sein Lust setzt auff stoltz und Ubermuht,
Unnd darinnen sucht sein Freud und Muht,
Und alles dem Teuffel nach thut,
Der macht uber ihne ein eygen Ruht,
Und kompt endtlich umb Seel, Leib und Gut.

Item[82]:

Wer allein das Zeitlich betracht,
Und auff das Ewig hat kein acht,
Ergibt sich dem Teuffel Tag und Nacht,
Der hab auff seine Seel wol acht.

Item:

Wer sich das Feuer muhtwillig läßt brennen,
Oder wil in einen Brunnen springen,
Dem geschicht recht, ob er schon nicht kan entrinnen.

(79)* Vertrag. (80)* ausgepreßten. (81)* Unterschrift. (82)* gleichermaßen, ebenso.

8

Im dritten Gespräch erschiene dem Fausto sein Geist und famulus gantz frölich, und mit diesen gestibus und Geberden. Er gieng im Hauß umb wie ein feuriger Mann, daß von im giengen lauter Feuerstramen[83] oder Stralen. Darauff folgete ein Motter[84] und Geplerr, als wann die Münch singen, unnd wuste doch niemand, was es für ein Gesang war. Dem D. Fausto gefiel das Gauckelspiel wol, er wolte ihn auch noch nicht in sein Losament[85] fordern, biß er sehe, was endtlich darauß wolt werden, und was es für ein Außgang gewinnen unnd haben würde. Bald darnach wurd ein Getümmel gehört von Spiessen, Schwertern und andern Instrumenten, daß in dunckte, man wolte das Hauß mit stürmen einnemmen. Bald widerumb wurd ein Gejägt gehört, von Hunden und Jägern, die Hund triben und hetzten einen Hirschen, biß in D. Fausti Stuben, da ward er von den Hunden nidergelegt[86].

Darauff erschiene in D. Fausti Stuben ein Löwe und Drach, die stritten mit einander, wiewol sich der Löuw tapffer wehrete, ward er dannoch uberwunden, und vom Drachen verschlungen. D. Fausti Famulus sagt, daß er einem Lindwurm gleich gesehen habe, am Bauch geel, weiß und schegget[87], und die Flügel unnd Obertheil schwartz, der halbe Schwantz, wie ein Schnecken Hauß, krumblecht[88], darvon die Stuben erfüllet, etc.

Wider wurden gesehen hinein gehen ein schöner Pfau, sampt dem Weiblein, die zanckten mit einander, und bald warden sie vertragen[89], Darauff sahe man einen zornigen Stier hinein lauffen, dem D. Fausto zu, der nicht ein wenig erschrack, aber wie er dem Fausto zurennt, fellet er vor im nider, unnd verschwindt. Hierauff ward wider gesehen ein grosser alter Aff, der bot D. Fausto die Handt, sprang auff in, liebet in, und lieff die Stuben wider hinauß. Bald geschichts, daß ein grosser Nebel in der Stuben wirdt, daß D. Faustus vor dem Nebel nicht sehen kundte, so bald aber

(83)* Feuerströme. (84)* Murmeln. (85)* Wohnung. (86)* gefaßt. (87)* gescheckt. (88)* gekrümmt. (89)* vertrugen sie sich.

der Nebel vergienge, lagen vor ihme zween Säck, der ein war Goldt, und der ander Silber. Letzlich, da erhub sich ein lieblich Instrument von einer Orgel, dann die Positiff[90], dann die Harpffen, Lauten, Geygen, Posaunen, Schwegel[91], Krumbhörner, Zwerchpfeiffen[92] und dergleichen (ein jeglichs mit vier Stimmen) also daß D. Faustus nicht anderst gedachte, dann er wer im Himmel, da er doch bey dem Teuffel war. Solches wehrete ein gantze Stund, daß also D. Faustus so halßstarrig war, daß er ihme fürnam, es hette ine noch niemals gereuet. Und ist hie zusehen, wie der Teufel so ein süß Geplerr macht, damit D. Faustus in seinem fürnemmen[93] nicht möchte abgekehrt werden, sonder vil mehr, daß er sein fürnemmen noch freudiger möchte ins Werck setzen, und gedencken: Nun hab ich doch nie nichts böses noch abscheuliches gesehen, sondern mehr Lust unnd Freude. Darauff gienge Mephostophiles der Geist zu D. Fausto in die Stuben hinein, in Gestallt unnd Form eines Münchs. D. Faustus sprach zu ihme, du hast einen wunderbarlichen Anfang gemacht, mit deinen Geberden und Enderungen[94], welches mir ein grosse Freud gegeben, Wo du also darinn wirst verharren, solt du dich alles guts zu mir versehen. Antwort Mephostophiles, O das ist nichts, ich soll dir in andern dienen, daß du kräfftigere und grössere Wirckunge unnd Weiß an mir sehen wirst, auch alles das du von mir forderst, allein daß du mir die Promission[95] unnd Zusagung deines Verschreibens leistest, Faustus reichte ime die Obligation dar, und sagte, da hast du den Brieff, Mephostophiles name den Brieff an, unnd wolte doch von D. Fausto haben, daß er eine Copey darvon nemme, das thät der Gottloß Faustus.

(90)* kleine Standorgel. (91)* Flöten. (92)* Querflöten. (93)* Vorhaben. (94)* Verwandlungen. (95)* Versprechen.

9 Von Dienstbarkeit deß Geistes, gegen D. Fausto.

Als D. Faustus solchen Greuel dem bösen Geist mit seinem eignen Blut und Handschrifft geleistet, ist gewißlich zuvermuhten, daß auch Gott und alles Himmlisches Heer von ihme gewiechen. In dem hat er nun sein Thun angerichtet, nit wie ein rechter Gottseliger Haußvatter, sonder wie der Teuffel, wie Christus der HERR von ihme sagt, der ein solche Behausung und Tabernacul hat, wo er in einem Menschen wohnet. Der Teuffel hat bey ihme einforiert[96], und gewohnet, wie auch zwar nach dem Sprichwort D. Faustus den Teuffel zu Gast geladen hat.
D. Faustus hat seines frommen Vettern Behausung innen, wie ers dann ime auch im Testament vermacht hatte, bey ihme hett er täglich ein jungen Schüler zum famulo, einen verwegnen Lecker, Christoph Wagner genannt, dem gefiele dieses Spiel auch wol, deßgleichen ine sein Herr tröstete, er wolte einen hocherfahrnen und geschickten Mann auß ihme machen, unndt wie die Jugendt vorhin[97] mehr zum bösen, denn zum guten geneiget, also war diesem auch. So hat D. Faustus, wie oben gesagt, niemands in seinem Hauß, als seinen famulum, und seinen bösen Geist Mephostophilem, der immerdar in gestallt eines Mönchs vor ihme wandelte, den beschwur er in seinem Schreibstüblein, welches er jederzeit verschlossen hatte.
Sein Nahrung und Proviandt hat D. Faustus überflüssig[98], wann er einen guten Wein wolte haben, bracht ime der Geist solchen auß den Kellern, wo er wolte, wie er sich dann selbst einmal hören lassen, er thete seinem Herrn dem Churfürsten, auch dem Hertzogen aus Bäyrn, und dem Bischoffen von Saltzburg, viel Leyds in den Kellern, So hatte er täglich gekochte Speiß, dann er kundte ein solche zauberische Kunst, daß so bald er das Fenster auffthete, und nennet einen Vogel, den er gern wolt, der floge ihme zum Fenster hinein. Deßgleichen brachte ihme sein Geist von allen umbligenden Herrschafften, von

(96)* ist eingezogen. (97)* von vornherein. (98)* im Überfluß.

Fürsten oder Graffen Höfen, die beste gekochte Speiß, alles gantz Fürstlich. Er und sein Jung giengen stattlich gekleydet, welches Gewand darzu ihme sein Geist zu Nachts, zu Nürmberg, Augspurg oder Franckfurt einkauffen oder stehlen muste, dieweil die Krämer deß Nachtes nicht pflegen im Kram zusitzen. So müssen sich auch die Gerber unnd Schuster also leiden.

In Summa, es war alles gestolne und entlehnete Wahr, unnd war also ein gar erbare[99], ja Gottlose Behausung und Narung, Wie Christus der HERR durch Johannem, den Teuffel auch einen Dieb und Mörder nennet, der er auch ist.

Noch[100] hat ime der Teuffel versprochen, er wölle ime Wochentlich 25 Kronen geben, thut das Jahr 1300 Kronen, das ward sein Jars Bestallung.

10 D. Faustus wolte sich verheyrathen.

Doctor Faustus lebt also im Epicurischen[101] Leben Tag und Nacht, glaubet nit daß ein GOTT, Hell oder Teuffel were, vermeinet Leib und Seele stürbe miteinander, unnd stach ihn seine Aphrodisia[102] Tag und Nacht, daß er ihm fürname sich Ehelich zuverheyraten und zu weiben. Fragte darauff den Geist, welcher doch ein feind deß Ehelichen stands, so Gott geordnet unnd eingesetzt hat, ist, ob er sich verheyrathen möchte? Antwortet ihme der böse Geist, was er auß ihme selbs machen wölle? Item, ob er nicht an seine Zusage gedencke? Unnd ob er dieselbige nicht halten wölle? da er verheissen, Gott und allen Menschen feind zuseyn. Zu dem, so könnte er in keinen Ehestandt gerahten, dieweil er nicht zweyen Herrn, als Gott und ihme, dem Teuffel, dienen könnte. Dann der Ehestandt ist ein Werck deß Höchsten, wir aber seind dem gar zuwider, denn was den Ehebruch und Unzucht betrifft, das kommt uns allen

---

(99)* der Ehre bar, ehrlos. (100)* außerdem. (101)* nach Epikur († 270 v. Chr.); Genuß der materiellen Freuden des Daseins. (102)* Geschlechtslust.

zu gutem. Derohalben, Fauste, sehe dich für, wirst du dich versprechen zuverehelichen, soltu gewißlich von uns zu kleinen Stücken zerrissen werden. Lieber Fauste, bedencke selbsten, was Unruh, Widerwillen, Zorn und Uneinigkeit auß dem Ehelichen standt folget? D. Faustus gedacht ihme hin unnd wider nach, wie aller Gottlosen Hertzen nichts guts gründen können, und der Teuffel dieselbigen leytet und führet. Endtlich, im nachdencken forderte er seinen Münch, da ohne das der München und Nonnen art ist, sich nit zuverehelichen, sondern verbieten vielmehr dieselbige. Also auch D. Fausti Münch trieb ihn stetigs davon ab. Darauff sagt D. Faustus zu ihme: Nun wil ich mich Verehlichen, es folge drauß gleich was es wölle. In solchem Fürhaben gehet ein Sturmwindt seinem Hauß zu, als wolte es alles zu Grunde gehen. Es sprangen alle Thüren auff auß den Angeln, in dem wirt sein Hauß voller Brunst[103], als ob es zu lauter Aschen verbrennen wolte. D. Faustus gab das Fersengelt die Stiegen hinab, da erhaschet in ein Mann, der wirfft in wider in die Stuben hineyn, daß er weder Hände noch Füsse regen kundt. Umb ihn gieng allenthalben das Feuer auff, als ob er Verbrennen wolte. Er schrey seinen Geist umb Hülff an, er wolte nach allem seinem Wunsch, Raht und That leben. Da erschiene ihm der Teuffel Leibhafftig, doch so grausam und erschrecklich, daß er in nicht ansehen kundt, Im antwort der Teuffel, sagende: Nun sage an, was Sinns bistu noch? D. Faustus antwortet ihm kürtzlich[104], Er habe sein Versprechen nicht geleystet, wie er sich gegen ihm verlobt, unnd habe solches so weit nicht außgerechnet, bate umb Gnad unnd Verzeihung. Der Satan sagt zu ihm mit kurtzen Worten: Wolan so beharre hinfort darauff, Ich sage dirs, Beharre darauff, und verschwande.

Nach diesem kame der Geist Mephostophiles zu ime, und sagte zu ihme: Wo[105] du hinfüro in deiner Zusagung beharren wirst, sihe, so wil ich deinen Wollust anders ersättigen, daß du in deinen Tagen nichts anders wünschen wirst, und ist dieses: So du nit kanst Keusch leben, so wil

(103)* Hitze. (104)* schnell. (105)* wenn.

ich dir alle Tag und Nacht ein Weib zu Bett führen, welche du in dieser Statt, oder anderßwo ansichtig, und die du nach deinem Willen zur Unkeuscheit begeren wirst, In solcher Gestalt unnd Form sol sie bey dir wohnen. Dem D. Fausto gieng solchs also wol ein, daß sein Hertz für freuden zitterte, und reute in, was er anfänglich hatt fürnemmen wöllen, Geriehte auch in eine solche Brunst und Unzucht, daß er Tag unnd Nacht nach Gestalt der schönen Weiber trachtete, daß, so er heut mit dem Teuffel Unzucht triebe, Morgen einen andern im Sinn hatte.

11 Frag D. Fausti an seinen Geist Mephostophilem.

Nach solchem, wie oben gemeldt, Doct. Faustus die schändtliche und greuliche Unzucht mit dem Teuffel triebe, ubergibt ihme sein Geist bald ein grosses Buch, von allerley Zauberey unnd Nigromantia, darinnen er sich auch neben seiner Teuffelischen Ehe erlustigte. Diese Dardanias artes[106], hat man hernacher bey seinem famulo, Christoff Wagner, funden. Bald sticht in der Fürwitz, fordert seinen Geist Mephostophilem, mit dem wolte er ein Gespräch halten, und sagt zum Geist: Mein Diener, sage an, Was Geists bistu? Ihme antwort der Geist, und sprach: Mein Herr Fauste, Ich bin ein Geist, unnd ein fliegender Geist, unter dem Himmel regierendt. Wie ist aber dein Herr Lucifer zu Fall kommen? Der Geist sprach: Herr, Wie mein Herr, der Lucifer, ein schöner Engel, von GOTT erschaffen, ein Geschöpff der Seligkeit gewest ist, so weiß ich so viel von ihme, daß man solche Engel Hierarchias nennet, unnd irer waren drey: Seraphin, Cherubin, unnd der Thron Engel, der erst Fürsten Engel, der regieret das Ampt der Engel, der ander die erhalten und regieren oder schützen die Menschen, der dritte, die wehren unnd steuren unserer Teuffel Macht, und sind also Fürsten Engel unnd Krafft Engel genennet. Man nennet sie auch Engel

(106)* heidnischen Künste.

grosser Wunderwerck, Verkünder grosser Ding, und Engel der Sorgfältigkeit Menschlicher Wart[107]. Also war auch Lucifer der schönen und Ertz Engel einer unter inen, und Raphael genannt, die andern zween Gabriel und Michael. Unnd also hast du kürtzlich mein Bericht vernommen.

12 Ein Disputation von der Hell unnd ihrer Spelunck[108].

Dem Doct. Fausto, wie man zusagen pflegt, Traumete von der Helle, und fragte darauff seinen bösen Geist, auch von der Substantz, Ort unnd Erschaffung der Hellen, wie es darmit geschaffen seye. Der Geist gibt Bericht, So bald sein Herr in Fall kam, und gleich zur selbigen Stunde war ihme die Helle bereit, die da ist ein Finsternuß, allda der Lucifer mit Ketten gebunden, unnd also verstossen unnd ubergeben ist, daß er zum Gericht behalten werden solle, darinnen nichts anders zu finden als Nebel, Feuer, Schwefel, Bech, unnd ander Gestanck. So können wir Teuffel auch nit wissen, was gestalt und weiß die Helle erschaffen ist, noch wie sie von Gott gegründet und erbauet seye, denn sie hat weder End noch Grund, Und diß ist mein kurtzer Bericht.

13 Ein ander Frag D. Fausti vom Regiment der Teuffel unnd ihrem Principat[109].

Der Geist muste Faustum auch berichten von der Teuffel Wohnung, Regiment und Macht. Der Geist respondierte[110], unnd sprach: Mein Herr Fauste, die Hell und derselben Refier ist unser aller Wohnung und Behausung, die begreifft so viel in sich, als die gantze Welt, uber der Hell und uber der Welt, biß unter den Himmel, hat es zehen Regiment unnd Königreich, welche sind die Ober-

(107)* Sicherheit. (108)* Höhle, Ort. (109)* Herrschaft. (110)* antwortete.

sten unter uns, und die Gewaltigsten unter sechs Regimenten, unnd sind nemlich die:

1 Lacus mortis[111].
2 Stagnum ignis[112].
3 Terra tenebrosa[113].
4 Tartarus[114].
5 Terra oblivionis[115].
6 Gehenna[116].
7 Herebus[117].
8 Barathrum[118].
9 Styx[119].
10 Acheron[119a].

In dem regieren die Teuffel, Phlegeton genannt. Diese vier Regiment unter ihnen sind Königliche Regierung, als Lucifer in Orient[120], Beelzebub in Septentrione, Belial in Meridie, Astaroth in Occidente, unnd diese Regierung wirdt bleiben, biß in das Gericht Gottes. Also hastu die Erzehlung von unserm Regiment.

14 Frag, in was Gestalt die verstorbenen[120a] Engel gewest.

Doct. Faustus name im[121] widerumb ein Gespräch für, mit seinem Geist zu halten, er solte im sagen, In was gestalt sein Herr im Himmel geziert gewest, und darinnen gewohnet. Sein Geist bath ihn auff dißmal umb drey Tag auffzug[122], Am dritten Tage gab im der Geist diese Antwort: Mein Herr Lucifer, der jetzunder also genennt wirt, wegen der Verstossung auß dem hellen Liecht deß Himmels, der zuvor auch ein Engel Gottes unnd Cherubin war, der alle Werck und Geschöpff Gottes im Himmel gesehen hat, Er war in solcher Zierd, Gestalt, Pomp,

(111)* See des Todes. (112)* Feuerpfuhl. (113)* finsteres Land. (114)* tiefster Teil der Unterwelt. (115)* Land des Vergessens. (116)* Teil der Hölle. (117)* Unterwelt. (118)* Abgrund. (119)* Fluß in der Unterwelt. (119a)* Fluß in der Unterwelt. (120)* s. Anm. 61, 62. (120a)* gemeint: verstoßenen. (121)* sich. (122)* Aufschub.

Authoritet, Wirde und Wohnung, daß er uber alle andere Geschöpff Gottes uber Golt und Edelgestein, unnd von Gott also erleuchtet, daß er der Sonnen Glantz und Stern ubertreffen thäte. Dann so baldt ihn Gott Erschuff, setzte er ihn auff den Berg Gottes, und in ein Ampt eines Fürstenthumbs, daß er vollkommen war in allen seinen Wegen, Aber so bald er in Ubermut und Hoffart stiege, und uber Orient sich erheben wolte, ward er von Gott auß der Wohnung deß Himmels vertilget, und von seinem Sitz gestossen in einen Feurstein, der ewig nit erlischt, sonder immerdar quellet. Er war gezieret mit der Kronen aller Himmlischen Pomp. Und dieweil er also wissentlich und vermessentlich wider Gott gewesen ist, hat sich Gott auff seinen Richterstuel gesetzt, und in auch gleich zur Hellen, darauß er in Ewigkeit nit mehr entrinnen mag, verurtheilet unnd verdammet.

D. Faustus, als er den Geist von disen dingen hatte gehört, Speculiert er darauff mancherley Opiniones[123] und Gründe, gieng auch also darauff stillschweigendt vom Geist in seine Kammer, leget sich auff sein Beth, hub an bitterlich zu weinen und seufftzen, und in seinem Hertzen zu schreyen. Betrachtete auff diese erzehlung deß Geistes, wie der Teuffel und verstossene Engel, von GOTT so herrlich gezierdt war, und wenn er nit so Trotzig und Hochmütig wider Gott gewesen, wie er ein ewiges Himmlisches wesen unnd wohnung gehabt hette, und aber jetzunder von GOTT ewig verstossen seye, und sprach: O weh mir immer wehe, also wirt es mir auch gehen, denn ich bin gleich so wol ein Geschöpff Gottes, unnd mein ubermühtig Fleisch und Blut hat mich, an Leib und Seel, in Verdammlichkeit gebracht, Mich mit meiner Vernunfft und Sinn gereitzt, daß ich als ein Geschöpff Gottes von ime gewichen bin, und mich den Teuffel bereden lassen, daß ich mich ihme mit Leib und Seele ergeben, und verkaufft habe. Darumb kan ich keiner Gnade mehr hoffen, Sondern werde wie der Lucifer in die ewige Verdammnuß und Wehe verstossen, Ach wehe immer wehe, was zeihe ich mich selbst? O daß ich nie

(123)* Meinungen.

geboren were worden? Diese Klage führte D. Faustus. Er wolte aber keinen Glauben noch Hoffnung schöpffen, daß er durch Buß möchte zur Gnade Gottes gebracht werden. Denn wenn er gedacht hette: Nun streicht mir der Teuffel jetzt eine solche Farbe an, daß ich darauff muß in Himmel sehen, Nun so wil ich wider umbkehren, und Gott umb Gnade und Verzeihung anruffen, Denn nimmer thun, ist ein grosse Buß, hette sich darauff in der Christlichen Gemein in die Kirchen verfügt, unnd der heyligen Lehre gefolget, dardurch also dem Teuffel eine widerstand gethan, ob er im schon den Leib hie hette lassen müssen, so were dennoch die Seele noch erhalten worden. Aber er wardt in allen seinen opinionibus unnd Meynungen zweiffelhafftig, ungläubig und keiner Hoffnung.

15 D. Faustus disputirte ferners mit seinem Geist Mephostophile, von Gewalt deß Teuffels.

Doctor Faustus, nach dem ihme sein Unmuht ein wenig vergienge, fragte er seinen Geist Mephostophilem von Regierung, Raht, Gewalt, Angriff, Versuchungen und Tyranney deß Teuffels, unnd wie er solches anfänglich getrieben habe? Darauff der Geist sagte: Diese Disputation und Frage, so ich dir erklären solle, wirt dich, mein Herr Fauste, etwas zu Unmuht und Nachdencken treiben, zu dem soltu solchs von mir nicht begert haben, denn es trifft unser Heimligkeit an, wiewol ich nicht hinüber kan. So soltu wissen, daß so bald der verstossene Engel in Fall kam, ist er Gott unnd allen Menschen Feind worden, und sich, wie noch, unterstanden allerley Tyranney am Menschen zu uben, wie dann noch alle Tage Augenscheinlich zusehen, daß einer zu Todt fällt, ein ander Erhenckt, Ertränckt, oder Ersticht sich selbs, der Dritte wirt erstochen, Verzweiffelt und dergleichen. Wie darneben auch zusehen ist, als der erste Mensch von Gott vollkömmlich erschaffen ward, mißgönnet ihm solchs der Teuffel, sätzte an in, und bracht also Adam unnd Evam mit allen ihren Nachkommen in Sünde und Ungnade Gottes. Diß sind, lieber Fauste, Angriff und Tyranney deß Sathans. Also thäte er auch mit Cain, und brachte zuwegen, daß das Israelitische Volck frembde Götter anbetete, denselben opfferte, unnd mit den Heydnischen Weibern Unkeuscheit triebe. So haben wir auch einen Geist, der den Saul getrieben hat, unnd in die Unsinnigkeit gebracht unnd gereitzt, daß er sich selbst getödtet. Noch ist ein Geist Asmodeus genannt, der hat sieben Mann in Unkeuschheit getödtet. Deßgleichen der Geist Thagon, welcher 30000 Menschen in Unfall brachte, daß sie erschlagen, unnd die Arche Gottes gefangen wurde, Wie auch Belial, der dem David sein Hertz reitzte, daß er sein Volck begundte zu zehlen, darüber 60000 Menschen sturben. So thät auch unser Geist einer dem König Salomon ein solchen Reitz, daß er die Abgötter anbettet, etc. Und sind also unser der Geister unzehlich vil, die den Menschen beykommen, sie zu Sünden reitzen und bringen. Also theilen wir uns noch in alle Welt auß, versuchen allerley List und Schalckheit, werffen die Leuth abe vom Glauben, und reitzen sie zu Sünden, und stärcken uns auff das beste wir können und mögen, sind wider Jhesum, durchächten[124] im die seinen, biß in den Todt, Besitzen die Hertzen der Könige unnd Fürsten der Welt, wider Jesu Lehr und Zuhörer. Und diß kanstu, Herr Fauste, bey dir abnemmen. D. Faustus sprach zu im: So hastu mich auch Besessen? Lieber sage mir die Warheit? Der Geist antwortet, Ja, warumb nicht? Denn so bald wir dein Hertz besahen, mit wàs Gedancken du umbgiengest, und wie du niemands sonsten zu deinem solchen Fürnemmen unnd Werck köndtest brauchen und haben, dann den Teuffel, Sihe so machten wir deine Gedancken und Nachforschen noch frecher und kecker, auch so begierlich, daß du Tag unnd Nacht nicht Ruhe hettest, Sondern alle dein Tichten unnd Trachten dahin stunde, wie du die Zäuberey zu wegen bringen möchtest. Auch da du uns Beschwurest, machten wir dich so Frech

(124)* verächtlich machen.

und Verwegen, daß du dich ehe den Teuffel hettest hinführen lassen, ehe du von deinem Werck werest abgestanden. Hernach behertzigten wir dich noch mehr, biß wir dir ins Hertz pflantzten, daß du von deinem Fürnemmen nicht mochtest abstehen, wie du einen Geist möchtest zu wegen bringen. Letzlich brachten wir dich dahin, daß du dich mit Leib und Seel uns ergabest, das kanstu alles, Herr Fauste, bey dir abnemmen. Es ist war, sagt D. Faustus, nun kan ich im nimmermehr thun[125], Auch habe ich mich selbst gefangen, hette ich Gottselige Gedancken gehabt, und mich mit dem Gebett zu Gott gehalten, auch den Teuffel nicht so sehr bey mir einwurtzeln lassen, so were mir solchs Ubel an Leib unnd Seel nicht begegnet. Ey was hab ich gethan? Antwort der Geist: Da sihe du zu. Also gieng Doct. Faustus traurig von ime.

16 Ein Disputation von der Hell, Gehenna genandt, wie sie erschaffen und gestalt seye, auch von der Pein darinnen.

Doctor Faustus hatte wol immerdar eine Reu im Hertzen, und ein Bedencken, was er sich doch geziegen[126] hette, daß er sich seiner Seelen Seligkeit begeben, und dem Teuffel also umb das Zeitliche zu eigen verlobt hatt. Aber sein Reu war Cains unnd Jude[127] Reu und Buß, da wol ein Reu im Hertzen war, aber er verzagte an der Gnade Gottes, unnd war im ein unmöglich Ding, daß er wider zur Hulde GOTTES kündte kommen. Gleich wie Cain, der also verzweiffelte, Seine Sünde weren grösser, denn daß sie ihme verziehen möchten werden, Also auch mit Judas, etc. Dem D. Fausto war auch also, er sahe wol gen Himmel, aber er kondte nichts ersehen, Es Träumete ime, wie man pfleget zu sagen, vom Teuffel oder von der Hellen, das ist, er gedachte was er gethan hatte, und meynet immerdar durch offt und viel disputieren, Fragen und Gespräch mit dem

(125)* nichts mehr dagegen tun. (126)* geziehen. (127)* des Judas.

Geist, wölle er so weit kommen, daß er einmal zur Besserung, Reu und Abstinentz gerahten möchte, Aber es war vergebens, denn der Teuffel hatt in zu hart gefangen. Hierauff nam D. Faustus im widerumb für, ein Gespräch und Colloquium (dann ime abermals von der Hellen geträumet hatt) mit dem Geist zu halten. Fragte derwegen den Geist, was die Helle sey? Zum andern, wie die Helle beschaffen und erschaffen seye? Zum dritten, was für Wehe und Klagen der Verdampten in der Helle seye? Zum vierdten unnd letzten, ob der Verdampte wider zur Hulde Gottes kommen könne, und von der Hellen erlöset möchte werden? Dem gab der Geist auff keine Frage Antwort, und sprach: Herr Fauste, dein Fragen und Disputation von der Hell und irer Wirckung, möchstu wol unterlassen, Lieber was machstu auß dir selbs? Und wenn du gleich in Himmel steigen köndtest, wolte ich dich doch wider in die Helle hinunter stürtzen, denn du bist mein, unnd gehörest auch in diesen Stall. Darumb lieber Fauste, laß anstehen, viel von der Helle zu fragen, frage ein anders dafür, Dann glaube mir darumb, da ich dirs erzehle, wirdt es dich in solche Reu, Unmuht, Nachdencken unnd Kümmernuß bringen, daß du woltest, du hettest die Frage unterwegen gelassen. Ist derhalben noch meine Meynung, du lassest es bleiben. Doctor Faustus sprach: So wil ichs wissen, oder wil nicht leben, du must mirs sagen. Wolan sagt der Geist, Ich sage dir, es bringt mir wenig Kummer. Du fragst, was die Helle seye? Die Hell hat mancherley Figur und Bedeutung, dann einmal wird die Helle genannt Hellig unnd Dürstig, dann der Mensch zu keiner Erquickung unnd Labung kommen kan. Man sagt auch recht, daß die Helle ein Thal genannt wirt, so nicht weit von Jerusalem ligt. Die Helle hat ein solche Weite und Tieffe deß Thals, daß es Jerusalem, das ist, dem Thron deß Himmels, darinnen die Einwohner des Himmlischen Jerusalems seyn und wohnen, weit entgegen ligt, also daß die Verdampten im Wuste[128] deß Thals immer wohnen müssen, und die Höhe der Statt Jerusalem nicht erreichen können. So wirdt die Helle auch

(128)* wüst, Wüste.

ein Platz genannt, der so weit ist, daß die Verdampten, so da wohnen müssen, kein Ende daran ersehen mögen. So ist die Helle auch genannt die brennende Hell, da alles angehen und brennen muß, was dahin kompt, gleich wie ein Stein in einem feurigen Ofen, ob wol der Stein vom Feuer glüendt wirdt, so verbrennt oder verzehrt er sich dennoch nicht, unnd wirt nur härter davon. Also wird die Seel deß Verdampten immerdar brennen, und sie doch das Feuer nit verzehren können, sondern nur mehr Pein fühlen. So heißt die Hell auch ein ewige Pein, die weder Anfang, Hoffnung noch Ende hat. Sie heißt auch ein Finsternuß eines Thurns[129], da man weder die Herrligkeit Gottes, als das Liecht, Sonn oder Mond sehen kan. Wann dennoch allda nur ein Helle oder Liecht, wie bey euch die finstere dicke Nacht, so hette man doch die hoffnung eines Scheins. Die Helle hat auch eine Klufft, Chasma[130] genannt, gleich eins Erdbidems[131], da er denn anstösset, gibet er eine solche Klufft unnd Dicke, das unergründlich ist, da schüttet sich das Erdreich von einander, und spüret man auß solcher Tieffe der Kluffften, als ob Winde darinnen wehren. Also ist die Helle auch, da es ebenmäßigen Außgang hat, Jetzt weit, dann eng, dann wider weit, und so fortan. Die Hell wirdt auch genannt Petra, ein Felß, unnd der ist auch etlicher massen gestalt, als ein Saxum, Scopulus, Rupes und Cautes[132], also ist er. Dann die Helle also befestiget, daß sie weder Erden noch Steine umb sich hat, wie ein Felß, Sondern wie Gott den Himmel befestiget, also hat er auch einen Grundt der Hellen gesetzt, gantz hart, spitzig und rauch[133], wie ein hoher Felß. Sie wirdt auch Carcer[134] genannt, da der Verdampte ewig Gefangen seyn muß: Weiter wirt sie genennet Damnatio[135], da die Seele in die Helle, als in ewige Gefängnuß, Verurtheilt unnd Verdampt wirt. Dann die Urtheil also, wie an öffentlichem Gericht, uber die Ubelthäter unnd Schüldigen gesprochen wirdt. So heißt sie auch Pernicies[136] und

---

(129)* Turmes. (130)* große Spalte. (131)* Erdbeben. (132)* Felsblock, Felsspitze, Felsen, spitzer Fels. (133)* rauh. (134)* Kerker. (135)* Verdammnis. (136)* Verderben.

Exitium[137], ein Verderbnuß, da die Seelen ein solchen Schaden leyden, der sich in Ewigkeit erstreckt. Also auch Confutatio[138], Damnatio[139], Condemnatio, und dergleichen, ein Verwerffung der Seelen, da sich der Mensch in eine solche Klufft unnd Tieffe selbs hinab wirfft, gleich wie einer, der uff einem Felsen oder Höhė gehet, unnd zu Thal herab sihet, daß ime schwindelt. Es gehet aber der Mensch, der Verzweiffelt ist, nicht dahin, daß er die Gegend besehen möchte, doch je höher er auffsteiget, unnd begert sich herab zu stürtzen, je tieffer herab er fallen muß. Also hat es mit den verdampten Seelen auch eine Gestalt, die in die Helle geworffen werden, je mehr einer sündiget dann der ander, je tieffer er hinunter fallen muß. Endtlich ist die Helle also beschaffen, daß es unmöglich, sie außzuspeculieren, und zubegreiffen, Wie Gott seinen Zorn also gelegt habe, in ein solchen Orth, der da ein Gebäu unnd Erschaffung für die Verdampten ist, also daß sie viel Namen hat, Als ein Schandtwohnung, ein Schlund, Rach, Tieffe unnd underste der Helle, dann die Seelen der Verdampten müssen nit allein in Wehe und Klag deß ewigen Feuers sitzen, sondern auch Schand, Spott und Hohn tragen gegen Gott und seinen Heyligen, da sie in Wohnung deß Schlunds und Rachens seyn müssen. Dann auch die Helle ein solcher Schlund ist, der nit zu sättigen, sondern giennet[140] immer noch mehr auff die Seelen, die nit Verdampt, daß sie auch Verführet und Verdampt möchten werden. Also mustu es D. Fauste verstehen, dieweil du es je hast haben wöllen. Unnd mercke, daß die Helle ist ein Helle deß Todes, ein Hitz deß Feuers, ein Finsternuß der Erden, ein Vergessung alles Guten, der Enden nimmermehr von GOTT gedacht, sie hat Marter und Wehe, und ewig unerleschlich Feuer, ein Wohnung aller Hellischen Drachen, Würme und Ungeziffer, Ein Wohnung der verstossenen Teuffel, Ein Stanck vom Wasser, Schwefel unnd Pech, unnd aller hitzigen Metall. Und diß sey mein erster und anderer[141] Bericht.

---

(137)* Untergang. (138)* Zurückweisung. (139)* Verdammung. (140)* gähnt, sperrt (den Rachen) auf. (141)* zweiter.

Zum dritten, so bannest du mich, unnd wilt von mir haben, dir einen Bericht zu thun, was für Wehe und Klage die Verdampten in der Hell haben oder haben werden. Da soltu etwan, mein Herr Fauste, die Schrifft ansehen, denn es mir verborgen ist. Aber wie die Helle jämmerlich anzusehen und qualificiert, also ist auch darinnen ein unträgliche Pein und Marter, Darumb ich dir desselben bericht thun wil, Es wirdt den Verdampten, wie ich oben mit allen Umbständen erzehlet habe, also begegnen. Denn es ist war, wie ich dir versprich: Die Helle, der Frauen Bauch, und die Erden werden nimmer satt. Also wirdt kein Ende noch Auffhören nimmer da seyn, darauff werden sie Zittern unnd Weheklagen uber ire Sünde unnd Boßheit, Auch uber den Verdampten unnd Hellischen Greuel deß Stancks, verhindernuß und Schwachheit, Schreyen und Weheklagen. Da wirt ruffen zu GOTT seyn, mit Wehe, Zittern, Zagen, Gilffen[142], Schreyen, mit Schmertzen unnd Trübsall, mit Heulen und Weinen, Denn solten sie nit Wehe schreyen, Zittern und Zagen, dieweil alle Creaturen unnd Geschöpff Gottes wider sie seyn werden, und sie ewige schmach, hergegen aber die Heyligen ewige Ehr und Freude tragen werden? Und es wirt doch ein Wehe und Zittern viel grösser und schwerer seyn, als das ander, und das daher, dieweil die Sünde ungleich, seyn auch die Straffen ungleich. Die Verdampten werden auch klagen uber die unleidenliche Kälte, uber das unaußleschliche Feuer, uber die unträgliche Finsternuß, Gestanck, uber die ewige Ruten, uber die Gesichter der Teuffel, uber die Verzweiffelung alles Guten. Sie werden Klagen mit weinenden Augen, Knirschen der Zänen, Stanck der Nasen, Jämmern der Stimme, Erschreckung der Ohren, Zittern der Händ und Füß. Sie werden für grossem Schmertzen ire Zungen fressen, sie werden ihnen[143] den Todt wündschen, unnd gerne Sterben wöllen, Sie mögen aber nit, denn der Todt wirdt von inen fliehen, ihre Marter unnd Pein wirt täglich grösser unnd schwerer. Also, mein Herr Fauste,

(142)* Gellen, Schreien. (143)* sich.

hastu hiemit die dritte Frage, die mit der Ersten unnd Andern uberein stimmet.
Zum vierdten unnd letzten, wiltu von mir auch eine Frage haben, die zu GOTT stehet, Ob Gott die Verdampten wider zu Gnaden auffnemme oder nicht? Aber dem sey nun wie ihm wölle, so wil ich auff deine Frage bericht zu thun, zuvor die Helle und ir Substantz ansehen, und wie sie von Gottes Zorn erschaffen ist, was melden, und sehen, ob wir auch etliche Fundamenta gründen kündten. Wiewol lieber Herr Fauste, solches deiner Promission und Gelübdnuß stracks zu wider seyn wirt, Sey dir doch hierauff dieser Bericht gethan. Du fragest letzlich, ob die Verdampten wider zur Hulde unnd Gnade Gottes kommen können? Darauff antworte ich, Neyn. Denn alle, die in der Helle sind, so Gott verstossen hat, die müssen in Gottes Zorn unnd Ungnade ewig brennen, darinnen bleiben und verharren, da keine Hoffnung nimmermehr ist. Ja wenn sie zur Gnade Gottes kommen köndten, wie wir Geister, die wir alle Stund hoffen und warten, so würden sie sich freuen, unnd nach solcher Zeit seufftzen. Aber so wenig die Teuffel in der Helle können ihren Unfall unnd Verstossung verhoffen zur Gnade zu kommen, So wenig können die Verdampten auch, dann da ist nichts zu hoffen, es wirt weder ir Bitten, Anruffen noch Seufftzen erhört werden, und wirdt inen ir Gewissen auffwachen, und immer unter die Augen schlagen. Als ein Keyser, König, Fürst, Graff oder sonsten Regenten, werden Klagen, wann sie nur nit Tyrannisiert hetten, und hie im Leben nit allen Mutwillen getrieben, so wolten sie zur Hulde Gottes kommen. Ein Reicher Mann, wenn er nur nicht Gegeitzet hette, Ein Hochfertiger[144], wenn er nur nit Pracht getrieben, Ein Ehebrecher unnd Buler, wenn er nur nit Unzucht, Ehebruch und Unkeuschheit geübet, Ein Weinsäuffer, Fresser, Spieler, Gotteslästerer, Meyneydiger, Ein Dieb, Strassenräuber, Mörder, und dergleichen, wird gedencken, Wann ich nur mein Bauch nicht täglich mit Uppigkeit, Wollust unnd Uberfluß der Speiß und Tranck gefüllet, wenn ich nur

(144)* hoffärtig.

nicht Gespielet, Gott Gelästert, ein Meyneydt gethan, Gestolen, Geraubet, Gemordt, oder dergleichen Laster getrieben hette, so köndte ich noch Gnade hoffen. Aber meine Sünde sind grösser, denn daß sie mir köndten vergeben werden, darumb ich diese Hellische wol verdiente Straff und Marter leyden, ewiglich Verdampt seyn muß, und kein Huld oder Gnade bey Gott zu erlangen, zuhoffen habe.

Darumb soltu, mein Herr Fauste wissen, daß die Verdampte auff kein Ziel oder Zeit zuhoffen haben, darinnen sie auß dieser Quaal erlößt werden möchten. Ja wann sie nur eine solche Hoffnung haben köndten, daß sie täglich nur ein Tropffen Wasser auß dem Meer herauß schöpffen, biß das Meer gar trucken würde, Oder da ein Sandhauff so groß were biß an Himmel, und ein Vögelein alle Jahr nur ein Körnlein einer Bonen groß darvon hinweg trüge, daß alsdann nach verzehrung desselbigen, sie erlößt werden möchten, so würden sie sich dessen erfreuen. Aber da ist keine Hoffnung, daß Gott an sie gedencken, oder sich irer Erbarmen werde, Sondern sie werden in der Hellen liegen wie die Todtenbein, der Todt unnd ihr Gewissen wirdt sie nagen, ihr hart Zuversicht unnd Vertrauen, so sie erst zu Gott haben, wirt nicht erhört, noch an sie gedacht werden. Ja wenn du dich schon in der Helle köndtest verbergen, biß daß alle Berge zusammen uber einen hauffen fielen, und von einem ort zum andern versetzt würden, Ja biß alle Stein im Meer trucken würden. So wenig ein Elephant oder Cameel durch ein Nadelöhr gehen kan, Unnd alle Tropffen deß Regens gezehlt werden mögen, so ist doch kein Hoffnung der Erlösung vorhanden. Also kürtzlich, mein Herr Fauste, hastu den vierdten unnd letzten Bericht, Unnd solt wissen, fragstu mich ein ander mal mehr von solchen Dingen, so soltu kein Gehör bey mir haben, denn ich bin dir solches zusagen nit schüldig, unnd laß mich nur mit solchen Fragen unnd disputationibus weiter zufrieden.

D. Faustus gieng abermals gantz Melancholisch vom Geist hinweg, wardt gar Verwirret und Zweiffelhafftig, gedacht jetzt da, dann dorthin, trachtete diesen dingen Tag unnd Nacht nach. Aber es hatte kein bestandt bey ime, Sondern wie oben gemeldet, hat ihn der Teuffel zu hart Besessen, Verstockt, Verblendt und Gefangen. Zu dem, wann er schon allein war, und dem Wort GOTTES nachdencken wolte, schmücket sich der Teuffel in gestalt einer schönen Frauen zu ime, hälset[145] in, und trieb mit im all Unzucht, also daß er deß Göttlichen Worts bald vergaß, und in Windt schluge, unnd in seinem bösen Fürhaben fortfuhre.

17 Ein andere Frag, so Doct. Faustus mit dem Geist gehabt.

Doct. Faustus berüffte seinen Geist wider, unnd begerte von ime ein Frage, die solt er ine auff dißmal geweren. Dem Geist war solches gar zu wider, jedoch wolt er ihm dißmal gehorchen, unnd wie er vorgesagt, so habe er im diß gantz und gar abgeschlagen, jetzt komme er widerumb, Jedoch wölle er ihn dißmal noch gewehren, und das zum letzten mahl. Nun was begerstu von mir, sprach er zu Fausto? Ich wil, sagt Faustus, dein Antwort uber eine Frage von dir anhören, als nemlich: Wann du an meiner statt, ein Mensch von Gott erschaffen werest, was du thun woltest, daß du Gott unnd den Menschen gefällig würdest? Darüber lächelte der Geist, und sagt, Mein Herr Fauste, Wann ich ein Mensch erschaffen were, wie du, wolte ich mich biegen gegen Gott, allweil ich einen Menschlichen Athem hette, unnd mich befleissen, daß ich Gott nicht wider mich zu Zorn bewegte, seine Lehr, Gesetz unnd Gebott, so viel mir möglich, halten, in alleine Anruffen, Loben, Ehren unnd Preisen, darmit ich Gott gefällig und angeneme were, unnd wüste, daß ich nach meinem Absterben, die ewige Freude, Glori und Herrligkeit erlangte. D. Faustus sagt hierauff: So hab ich aber solchs nicht gethan. Ja freylich, sagte der Geist, hastu es nit gethan, Sondern deinen Schöpffer, der dich erschaffen, dir die Sprach, Gesicht unnd Gehör gegeben hat, daß du seinen Willen verstehen, unnd der ewigen Seligkeit nachtrachten soltest,

(145)* umarmte.

den hastu verleugnet, die herrliche Gab deines Verstands mißbraucht, Gott und allen Menschen abgesaget, darumb du niemandt die Schuldt zu geben hast, als deinem stoltzen und frechen Mutwillen, dardurch du also dein bestes Kleinot unnd Zierde der Zuflucht Gottes verloren. Ja diß ist leyder war, sagt Doctor Faustus, woltestu aber, mein Mephostophiles, daß du ein Mensch an meiner statt werest. Ja, sagte der Geist seufftzendt, unnd were hierinnen nicht viel disputierens mit dir, Denn ob ich schon gegen GOTT also gesündiget, wolte ich mich doch widerumb in seinen Gnaden erholen. Dem antwort D. Faustus, So were es mit mir auch noch früh genug, wann ich mich besserte. Ja, sagte der Geist, Wann du auch vor deinen groben Sünden zur Gnade Gottes kommen köndtest, aber es ist nun zu spat, unnd ruhet Gottes Zorn uber dir. Laß mich zu frieden, sagt Doctor Faustus zum Geist. Antwort der Geist, So laß mich forthin auch zu frieden mit deinem Fragen.

Folget nun der ander Theil dieser Historien, von Fausti Abentheuren und andern Fragen.

18

Doct. Faustus, als er von Gottseligen Fragen vom Geist keine Antwort mehr bekommen kondte, mußt ers auch ein gut Werck seyn lassen. Fienge demnach an Calender zu machen, ward also derselben zeit ein guter Astronomus oder Astrologus, gelehrt und Erfahren, von seinem Geist in der Sternkunst und Practicken[146] schreiben, wie männiglichen[147] wol bewust, daß alles, was er geschrieben, unter den Mathematicis das Lob darvon gebracht. So stimpten auch seine Practicken, die er Fürsten unnd grossen Herren dedicierte, ubereyn, Denn er richtet sich nach seines Geistes Weissagungen unnd Deutungen zukünfftiger ding, und Fäll, welche sich auch also erzeigten. So lobte man auch seine Calender und Allmanach vor andern, denn er setzte nichts in Calender, es war ihm also[148], als wann er setzte Nebel, Windt, Schnee, Feucht, Warm, Donner, Hagel, etc. hat sichs also verloffen[149]. Es waren seine Calender nit, als etlicher Unerfahrnen Astrologen, so im Winter Kalt unnd Gefroren, oder Schnee und im Sommer in den Hundstagen, Warm, Donner oder Ungewitter setzen. Er machte auch in seinen Practicken Zeit und Stunde, wann was Künfftiges geschehen solt, warnete ein jede Herrschafft besonder, als die jetzt mit Theurung, die ander mit Krieg, die dritte mit Sterben, unnd also forthan, solte angegriffen werden.

19 Ein Frag oder Disputatio von der Kunst Astronomia oder Astrologia.

Als nun D. Faustus seine Practicam und Calender zwey Jahr gerichtet, und gemacht hatte, fragt er seinen Geist,

(146)* astrologische Kalender. (147)* jedermann. (148)* es verhielt sich so. (149)* verhalten.

was es für eine gelegenheit[150] hab mit der Astronomia oder Astrologia, wie die Mathematici zustellen pflegen? Dem antwortet der Geist, unnd sprach: Es hat ein solch Judicium[151], daß alle Sternseher unnd Himmelgucker nichts sonderliches gewiß Practicieren können, Denn es sind verborgene Werck GOTTES, welche die Menschen nicht, wie wir Geister, die wir im Lufft, unter dem Himmel schweben, die Verhängnuß Gottes sehen, und abnemmen, ergründen können. Dann wir seyn alte unnd erfahrne Geister in deß Himmels Lauff. Ich köndte dir auch, Herr Fauste, Practica und Calender zuschreiben oder von der Nativitet[152] zu erforschen, ein ewige Auffzeichnung thun, und also ein Jahr umb das ander, wie du gesehen hast, daß ich dir nie gelogen hab. Es ist wol war, daß die vor alten Zeiten, so 5 oder 600 jar erlebt, solche Kunst gründlich erfahren unnd begriffen haben. Dann durch so viel verloffene[153] Jahr wirdt das grosse Jar erfüllet, daß sie solches Erklären, unnd Cometen mittheilen können. Aber alle Junge und Unerfahrne Astrologi machen ihre Practica nach gutem Wohn[154] und Gutdünken.

20 Vom Winter und Sommer.

Es gedauchte den Faustum seltzam seyn, daß Gott in dieser Welt Winter und Sommer erschaffen. Nimpt ihme derhalben für den Geist zu fragen, woher der Sommer unnd Winter ihren Ursprung haben? Antwort der Geist gar kurtz darauff: Mein Herr Fauste, Kanst du solches als ein Physicus, nicht selbsten sehen, unnd abnemmen nach der Sonnen? So soltu wissen, daß von dem Mond an, biß an das Gestirn, alles Feurig ist, Dargegen ist die Erden kalt unnd erfroren, Dann je tieffer die Sonne scheinet, je heisser es ist, das ist der Ursprung des Sommers. Stehet die Sonnen hoch, so ist es Kalt, und bringet mit sich den Winter.

---

(150)* Angelegenheit (wie es sich verhalte). (151)* Anschein. (152)* Horoskop. (153)* vergangene. (154)* Wahn.

21 Von deß Himmels Lauff, Zierde unnd Ursprung.

Doctor Faustus dorffte (wie vorgemeldt) den Geist von Göttlichen und Himmlischen dingen nicht mehr fragen, das thäte ihm wehe, und gedacht ihm Tag und Nach nach, damit er von Göttlicher Creatur unnd Erschaffung besser gelegenheit hette eine Farbe anzustreichen[155], unnd mit glimpff herumb zu kommen, Fragte er nicht mehr, wie zuvor, von der Freude der Seelen, von den Engeln, unnd von dem Wehe der Hellen, Denn er wußte, daß er hinfüro von dem Geist kein Audientz mehr würde erlangen, muste derhalben fingieren was ihn gedauchte, das er erlangen möchte. Nimpt im derwegen für, den Geist zu fragen, unter einem glimpff, als ob es zu der Astronomia oder Astrologia den Physicis dienstlich seye, unnd nötig zu wissen. Fragte den Geist hierauff, wie folget, Nemlich, von deß Himmels Lauff, Zierd, unnd desselben Ursprung, das solt er ihn berichten. Mein Herr Fauste, sagt der Geist: Der GOTT, der dich erschaffen hat, hat auch die Welt, und alle Elementa unter dem Himmel erschaffen, Dann GOTT machte anfänglich den Himmel auß dem Mittel deß Wassers, und theilet die Wasser vom Wasser, hieß das Firmament den Himmel. So ist der Himmel Kuglecht unnd Scheiblecht[156], auch beweglich, der vom Wasser geschaffen, zusammen gefüget, und also befestiget ist, wie Cristall, unnd sihet auch oben im Himmel wie ein Cristall, darinnen ist gehefft das Gestirn. und durch solche ründe deß Himmels, wird die Welt in vier Theil getheilet, als nemlich, in den Auffgang, Nidergang, Mittag unnd Mittnacht, unnd wirdt der Himmel so schnell umbgeweltzt, daß die Welt zerbreche, wo es die Planeten mit ihrem Gang nicht verhinderten. Der Himmel ist auch mit Feuer erschaffen, daß, wo die Wolcken nit mit der Kälte des Wassers umbgeben weren, würde das Feuer oder Hitze die untern Element anzünden, innerhalb deß Firmaments, da das Gestirn deß Himmels ist, sind die

(155)* mit einem Vorwand dahinterzukommen. (156)* kugelig und scheibenförmig.

sieben Planeten, als Saturnus, Jupiter, Mars, Sol, Venus, Mercurius, unnd Luna. Unnd bewegen sich alle Himmel, allein der Feurige ruhet. Unnd wirdt also die Welt in vier Theil getheilet, als deß Feuers, Lufft, Erden unnd Wassers, also ist diese Sphær unnd Creatur formiert, nimpt ein jeglicher Himmel sein Materi unnd Eigenschafft darauß, nemlich der Oberste Himmel ist Feurig, der Mittel und Unterst sind Liecht, als der Lufft, der ein Himmel ist scheinlich[157], der Mittel unnd Unterst sind Lüfftig, In dem Obersten ist die Wärme, unnd das Liecht von nähe wegen der Sonnen, der Unterst aber von Widerscheins wegen deß Glantzes, von der Erden, und wo in der schein deß Glantzes nicht erreichen kan, ists Kalt unnd Tunckel. In diesem tunckeln Lufft wohnen wir Geister unnd Teuffel, unnd sind in diesen tunckeln Lufft verstossen. In diesem tunckeln Lufft, da wir wohnen, sind Ungestümmigkeit, Donner, Schlag, Hagel, Schnee unnd dergleichen, da wir dann die zeit deß Jahrs, und wie es Wittern sol, wissen können. Und hat also der Himmel zwölff Umbkreiß, welche die Erde unnd das Wasser umbringen, so alle mögen Himmel genannt werden. Es erzehlete ihm auch der Geist, wie ein Planet nach dem andern regierte, unnd wie viel gradus ein jeglicher Planet uber den andern habe.

22 Ein Frage Doctor Fausti, wie Gott die Welt erschaffen, und von der ersten Geburt deß Menschen, darauff ime der Geist, seiner art nach, ein gantz falsche Antwort gab.

Doctor Fausto, in seiner Traurigkeit und Schwermut, ist sein Geist erschienen, ihn getröstet, unnd gefraget, was für Beschwernuß unnd Anliegen er hett. Doctor Faustus gab ime keine Antwort, also daß der Geist hefftig an ihn setzte, unnd begeret ihm gründtlich sein Anliegen zu erzehlen, wo möglich, so wolte er ihme hierinnen behülfflich seyn.

(157)* durchscheinend.

Doctor Faustus antwortet: Ich habe dich als einen Diener auffgenommen, unnd dein Dienst kompt mich theuer an, dennoch kan ich von dir nicht haben, daß du mir zu Willen werdest, wie einem Diener geziemet. Der Geist sprach: Mein Herr Fauste, du weißt, daß ich dir noch nie zu wider gewesen, Sondern ob ich dir wol offtermals auff deine Frage zu antworten nicht schüldig war, bin ich dir doch jederzeit zu willen worden. So sage nun, mein Herr Fauste, was dein Begeren und Anliegen seye? Der Geist hette Doctor Fausto das Hertz abgewonnen, da fragte D. Faustus, er solte ihme Bericht thun, wie GOTT die Welt erschaffen hette, und von der ersten Geburt deß Menschen. Der Geist gab Doctor Fausto hierauff ein Gottlosen und falschen Bericht, sagte, die Welt, mein Fauste, ist unerboren unnd unsterblich. So ist das Menschliche Geschlecht von Ewigkeit hero gewest, und hat Anfangs kein Ursprung gehabt, so hat sich die Erden selbsten nehren müssen, unnd das Meer hat sich von der Erden zertheilet. Sind also freundtlich mit einander verglichen gewest, als wenn sie reden köndten. Das Erdreich begerte vom Meer seine Herrschafft, als Ecker, Wiesen, Wälde, und das Graß oder Laub, unnd dargegen das Wasser die Fisch, und was darinnen ist. Allein GOTT haben sie zugeben, den Menschen unnd den Himmel zu erschaffen, also daß sie letzlich Gott underthänig seyn müssen. Auß dieser Herrschafft entsprungen vier Herrschafften, der Lufft, das Feuer, Wasser und Erdreich. Anders unnd kürtzer kan ich dich nicht berichten. Doctor Faustus speculierte dem nach, unnd wolte ihme nicht in Kopff, Sondern wie er Genesis am Ersten Capitel gelesen, daß es Moyses anders erzehlet, also daß er Doct. Faustus nicht viel darwider sagte.

23 Doct. Fausto wurden alle Hellische Geister in ihrer Gestalt fürgestellet, darunter sieben Fürnembste mit Namen genennet.

Doct. Fausti Fürst und rechter Meister kame zu D. Fausto, wolte ihn visitieren. Doct. Faustus erschrack nit ein wenig vor seiner Greulichkeit. Denn unangesehen, daß es im Sommer war, so gienge jedoch ein solcher kalter Lufft vom Teuffel, daß Doctor Faustus vermeinte, er müßte erfrieren. Der Teuffel, so sich Belial nannte, sprach: Doct. Fauste, umb Mitternacht, als du erwachste, habe ich deine Gedancken gesehen, und seind diese, daß du gern etliche der fürnembsten Hellischen Geister sehen möchtest, so bin ich mit meinen fürnembsten Rähten unnd Dienern erschienen, daß du sie auff dein begeren besichtigen soltest. D. Faustus antwortet, Wolan, wo sind sie nun? Daraussen, sagt Belial.

Belial aber erschien Doctor Fausto in gestalt eines zotteten und gantz kolschwartzen Bären, alleine daß seine Ohren uber sich stunden, und waren die Oren und Rüssel gantz brennend Roht, mit hohen schneeweissen Zänen, und einem langen schwantz, drey Elen lang ungefehrlich, am Halß hatte er drey fliegender Flügel. Also kam zu D. Fausto ein Geist nach dem andern, in die Stuben, da sie nicht alle sitzen kundten. Der Belial aber zeigte Doctor Fausto einen nach dem andern, wer sie weren, und wie sie genennet würden. Es giengen aber erstlich hineyn sieben fürnemme Geister, als Lucifer, Doctor Fausti rechter Herr, dem er sich verschrieben, in gestalt eines Manns hoch, unnd war Härig und Zottig, in einer Farb wie die roten Eychhörnlein seind, den Schwantz gantz ubersich habend, wie die Eychhörnlein. Darnach der Beelzebub, der hatt ein Leibfarbs Haar, unnd einen Ochsenkopff, mit zweyen erschrecklichen Ohren, auch gantz Zottig unnd Härig, mit zweyen grossen Flügeln, und so scharpff, wie die Disteln im Felde, halb Grün unnd Gelb, allein daß uber den Flügeln Feuerstromen herauß flogen, hatt einen Kühschwantz. Asteroth, dieser kam hineyn in Gestalt eines Wurmbs, und gienge auffm schwantz auffrecht hineyn, hatte keinen Fuß, der schwantz hatt ein Farb wie die Blindschleichen, der Bauch war gar dick, oben hatt er zween kurtzer Füß, gar gälb, und der Bauch ein wenig weiß unnd gälblicht, der Rücke gantz Kestenbraun[158], eines Fingerslang spitzige Stachel und Borsten daran, wie ein Igel. Darnach kam Satanas, gantz weiß und grau, zottig, und hatte ein Eselskopff, und doch der schwantz wie ein Katzenschwantz, unnd Klauen einer Elen lang. Anubis, dieser hatte ein Hundskopff, schwartz und weiß, im schwartzen weisse Täpfflen[159], und weissen schwartze. Sonsten hatt er Füß unnd hangende Ohren, wie ein Hund, er war vier Elen lang.

Nach diesem Dythicanus, war auch bey einer Elen lang, sonsten gestalt wie ein Vogel und Rephun, allein der Halß war Grün unnd Schattiert. Der letzte war Drachus, mit vier kurtzen Füssen, Gelb und Grün, der Leib oben Braun, wie blau Feur, und der Schwantz rötlicht. Die siben mit dem Belial, deren Redelführer der achte, waren also mit gemeldten Farben gekleidet. Die andern erschienen auch gleicher Gestalt, wie die unvernünfftige Thier, als wie die Schwein, Rähe, Hirschen, Beeren, Wölffe, Affen, Biber, Böffel, Böck, Geissen, Eber, Esel, etc. und dergleichen. Solcher Farb unnd gestalt erschienen sie ime, als daß etliche auß der Stuben musten hinauß gehen. Doct. Fau-

(158)* kastanienbraun. (159)* Tupfen.

stus verwunderte sich sehr ob dem, und fragte die siben Umbstehende, warumb sie nit anderer Gestalt erschienen weren? Sie antworten im, und sprachen: daß sie sich in der Helle anders nicht verändern könnten. Darumb seyen sie Hellische Thier unnd Würm, wiewol sie greulicher und scheußlicher seyen, dann da. Jedoch köndten sie beydes Menschen Gestalt und Geberd an sich nemmen, wie sie wöllen. D. Faustus sagte hierauff, Es were gnug, wann sie siben da weren, und bate, den andern Urlaub zu geben, das geschahe. Darauff begerte Faustus, sie solten im ein Prob sehen lassen, deß ward er gewehret. Und also verändert sich einer nach dem andern, wie sie zuvor gethan haben, in aller Thier gestalt, auch wie die grossen Vögel, Schlangen und kriechende Thier, vier und zweyfüssige. Das gefiel D. Fausto wol, unnd fragte, ob ers auch könnte, sie sagten Ja, und wurffen im ein Zauberbüchlin dar, er solte seine Prob auch thun, das thät er. Nun kundte D. Faustus nit fürüber, zuvor als sie wolten Urlaub nemmen, sie zu fragen, wer dann das Unziffer[160] erschaffen hett? Sie sagten, nach dem Fall deß Menschen sey auch erwachsen das Unziffer, damit es den Menschen Plagen und Schaden thun soll. So können wir uns eben so wol zu mancherley Unzifer verwandeln, als zu andern Thieren. D. Faustus lacht, und begert solchs zusehen, das geschach. Als sie nun vor im verschwunden, da erschiene in deß D. Fausti Gemach oder Stuben allerley Unzifer, als Omeissen, Egel, Kühfliegen, Grillen, Heuschrecken, etc. Also, daß sein gantzes Hauß voller Unzifer ward. Sonderlich war er uber diß erzürnt, verdrossen und unwillig, daß unter anderm Unzifer ihn auch etlichs plagte, als die Omeissen beseichten ihn, die Bienen stachen ihn, die Mücken fuhren im unter das Angesicht, die Flöhe bissen in, die Immen die flogen umb ihn, das er zu wehren hatt, die Läuß vexierten[161] in auff dem Kopff und Hembd, die Spinnen fuhren auff in herab, die Raupen krochen auff in, die Wespen stachen in. In summa, er wardt allenthalben genug mit Unzifer geplagt, als daß er recht sagte, Ich glaube daß ir alle junge Teuffel seyt. Derhalben D. Faustus

(160)* Ungeziefer. (161)* quälten.

in der Stuben nicht bleiben konnte. Als bald er auß der Stuben gienge, da hette er keine Plage noch Unzifer mehr an im, und verschwanden auch stracks drauff zugleich mit einander.

24 Wie Doct. Faustus in die Hell gefahren.

Doct. Faustus war auff das achte Jar kommen, und erstrecket sich also sein Ziel von Tag zu Tag, war auch die zeit deß meisten theils mit Forschen, Lernen, Fragen und Disputiern umbgangen. Unter dem träumete oder grauete im aber vor der Helle. Er fordert also seinen Diener, den Geist Mephostophilem, er solte im seinen Herrn Belial oder Lucifer fordern und kommen lassen. Sie schickten im aber einen Teuffel, der nannte sich Beelzebub unter dem Himmel, der fragte D. Faustum, was sein begeren oder anliegen were? Ob er nicht vermöchte, daß ihn ein Geist in die Hell hineyn führete und wider herauß, daß er der Hellen Qualitet, Fundament und Eygenschafft, auch Substantz möchte sehen, und abnemmen. Ja, antwortet im Beelzebub, umb Mitternacht wil ich kommen, unnd dich holen. Als nun in der Nacht, und stick Finster war, erschiene im Beelzebub, hatt auff seinem Rücken einen Beinen Sessel, unnd rings herumb gantz zugeschlossen, darauff saß D. Faustus und fuhr also davon. Nu höret, wie in der Teuffel verblendet, unnd ein Affenspiel macht, daß er nit anders gemeinet, denn er seye in der Helle gewest. Er führet ihn in die Lufft, darob D. Faustus entschlieff, als wann er in einem warmen Wasser oder Bad sesse. Bald darnach kompt er auff einen hohen Berg, einer grossen Insel hoch, darauß Schwebel, Pech und Feurstralen schlugen, unnd mit solcher Ungestümb und Prasseln, daß D. Faustus darob erwachte. Der Teuffelische Wurmb schwang in solche Klufft hineyn mit D. Fausto. Faustus aber, wie hefftig es brannte, so empfunde er kein Hitze noch Brunst, sondern nur ein Lufftlin, wie im Meyen oder Frühling, er hörte auch darauff allerley Instrumenta, deren Klang gantz lieblich war, und konnte doch, so hell das Feuer war, kein Instrument sehen, oder wie es geschaffen. So dorffte er auch nit fragen, wie es damit eine Gestalt hette, denn ime solches zuvor ernstlich verbotten war, daß er nit fragen noch reden soll. In dem schwungen sich zu diesem Teuffelischen Wurmb und Beelzebub noch andere drey, auch solcher gestalt. Als D. Faustus noch besser in die Klufft hinab kame, und die drey benannte dem Beelzebub vorflogen, begegenete D. Fausto in dem ein grosser fliegender Hirsch, mit grossen Hörnern und Zincken, der wolte Doct. Faustum in die Klufft hinab stürtzen, darob er sehr erschracke. Aber die drey vorfliegende Würme vertrieben den Hirsch. Als nun D. Faustus besser in die Spelunck hinab kam, da sahe er umb sich herumb seyn nichts, dann lauter Unzieffer und Schlangen schweben. Die Schlangen aber waren unsäglich groß. Ihm kamen darauff fliegende Bären zu hülff, die rangen und kämpfften mit den Schlangen, und siegten ob, also daß er sicher und besser hindurch kame, und wie er nu weiter hinab kompt, sahe er ein grossen geflügelten Stier auß einem alten Thor oder Loch herauß gehen, und lieff also gantz zornig und brüllend auff D. Faustum zu, und stieß so starck an seinen Stuel, daß sich der Stuel zugleich mit dem Wurm unnd Fausto umbgewendet. D. Faust fiel vom Stuel in die Klufft immer je tieffer hinunter, mit grossem Zetter und Wehgeschrey, dann er gedachte, nun ist es mit mir auß, weil er auch seinen Geist nicht mehr sehen konnte. Doch erwüscht in letzlich widerumb im hinunter fallen ein alter runtzlechter Affe, der erhielt und errettet in. In dem uberzoge die Hellen ein dicker finster Nebel, daß er ein weil gar nichts sehen kondte, auff das thäte sich eine Wolcken auff, darauß zween grosser Drachen stiegen, und zogen einen Wagen nach ihnen, darauff der alte Aff D. Faustum setzte. Da folget etwan ein viertel Stundt lang ein dicke Finsternuß, also daß D. Faustus weder den Wagen, noch die Drachen sehen oder begreiffen kondte, und fuhr doch immer fort hinunter. Aber so bald solcher dicker, stinckender und finsterer Nebel verschwandt, sahe er sein Ross und Wagen wiederumb. Aber in der Lufft herab schossen auff

D. Faustum so viel Straal und Blitzen, daß der Keckest, wil geschweigen D. Faustus, erschrecken und zittern müssen, In dem kompt D. Faustus auff ein groß und ungestümb Wasser, mit dem sencken sich die Drachen hinunter. Er empfand aber kein Wasser, sondern grosse Hitz unnd Wärme. Und schlugen also die Stromen unnd Wällen auff Doct. Faustum zu, daß er Ross und Wagen verlohr, und fiel immer tieffer und tieffer in die Grausamkeit deß Wassers hinein, biß er endlich im fallen ein Klufft, die hoch und spitzig war, erlangte. Darauff saß er, als wann er halb todt were, sahe umb sich, kundte aber niemand sehen noch hören. Er sahe immer in die Klufft hinein, darob ein Lüfftlin sich erzeigte, umb in sahe er Wasser. D. Faustus gedacht, nu wie mustu im thun, dieweil du von den Hellischen geistern verlassen bist, entweder du must dich in die Klufft oder in das Wasser stürtzen, oder hieoben verderben. In dem erzürnet er sich darob, unnd sprang also in einer rasenden unsinnigen Forcht in das feurige Loch hineyn, und sprach: Nun ihr Geister, so nemmet mein wolverdientes Opffer an, so meine Seel verursachet hat. In dem er sich also uberzwergs hinein gestürtzet hat, wirt so ein erschrecklich Klopffen und Getümmel gehört, davon sich der Berg und Felsen erschüttet, unnd so sehr, daß er vermeynt, es seyen lauter grosse Geschütz abgangen. Als er nun auff den Grund kam, sahe er im Feur viel stattlicher Leut, Keyser, Könige, Fürsten unnd Herrn. Item, viel tausend geharnischte Kriegßleut. Am Feuer flosse ein küles Wasser, darvon etliche trancken, und sich erlabeten und Badeten, etliche lieffen vor Kühle in das Feuer, sich zu wärmen. D. Faustus trat in das Feuer, und wolte ein Seel der Verdampten ergreiffen, und als er vermeynte er hett sie in der Hand, verschwande sie im widerumb. Er kondte aber vor Hitze nicht länger bleiben, und als er sich umbsahe, sihe so kompt sein Drach oder Beelzebub mit seinem Sessel wider, und saß er drauff, fuhr also wider in die Höhe. Dann Doct. Faustus kondte vor dem Donner, Ungestümb, Nebel, Schwefel, Rauch, Feuer, Frost und Hitz in die länge nicht verharren, sonderlich da er gesehen hatt das Zettergeschrey, Wehe, Grißgrammen, Jammer

und Pein, etc. D. Faustus, der nu eine gute Zeit nicht anheimbs[162] gewesen, auch sein Famulus nicht anders gemeinet, und abnemmen[163] können, weil er die Hell hat begert zusehen, er werde mehr gesehen haben dann im lieb sey, und ewig aussen bleiben. In solchem Wohn kompt in der Nacht D. Faustus widerumb zu Hauß. Weil er nu seithero auff dem Sessel geschlaffen, wirfft ihn der Geist also schlaffendt in sein Bett hineyn. Als aber der Tag herbey kam, und D. Faustus erwachte, das Liecht des Tages sahe, ward im nit anders, als wann er ein zeitlang in einem finstern Thurn gesessen were. Dann er seythero nichts von der Hellen gesehen hatt, als die Feuerstromen, und was das Feuer von sich geben hatt. D. Faustus im Bett ligend, gedachte der Hellen also nach. Einmal nam er im gewißlich für[164], er were drinnen gewest, und[165] es gesehen, das ander mal zweiffelt er darab, der Teuffel hette ihm nur ein Geplerr unnd Gauckelwerck für die Augen gemacht, wie auch war ist. Dann er hatte die Hell noch nicht recht gesehen, er würde sonsten nicht darein begert haben.
Diese Historiam und Geschicht, was er in der Helle und Verblendung gesehen, hat er, Doct. Faustus, selbs auffgeschrieben, und ist nach seinem Todt solch schreiben in einem Zettel, seiner eigenen Handtschrifft, unnd in einem Buch verschlossen liegendt, hinder im gefunden worden.

25 Wie Doct. Faustus in das Gestirn hinauff gefahren.

Diese Geschichte hat man auch bey im funden, so mit seiner eygen Handt concipiert und auffgezeichnet worden, welches er seinem guten Gesellen einem Jonæ Victori, Medico zu Leiptzig, zugeschrieben, welches schreibens Innhalt war, wie folgt:
Insonders lieber Herr und Bruder, Ich weiß mich noch, deßgleichen ir auch, zu erinnern unsers Schulgangs von

(162)* daheim. (163)* sich denken (konnte). (164)* nahm an. (165)* ergänze: hätte.

Jugendt auff, da wir zu Wittenberg mit einander Studierten, unnd ihr euch anfänglich der Medicinæ, Astronomiæ, Astrologiæ, Geometriæ beflissen, wie ihr dann auch ein guter Physicus seydt, Ich aber euch ungleich war, und wie ihr wol wißt, Theologiam studierte, so bin ich euch doch in dieser Kunst noch gleich worden, demnach ir mich etlicher sachen umb Bericht rahts gefragt. Dieweil ich nun, wie auß euerm schreiben zur Dancksagung vernommen, nie nichts hab geweigert, noch zu berichten versagt, bin ich dessen noch urbietig[166], sollet mich auch allzeit also finden und heimsuchen[167]. Euers Ruhms und Lobs, so ir mir zumeßt und gebt, thu ich mich gleichsfalls bedancken, nemlich daß mein Calender und Practicken so weit in das Lob kommen, daß nit geringe Privat Personen, oder gemeine Bürgerschafft, sondern Fürsten, Graffen und Herren meiner Practica nachfragen, dieweil alles, was ich gesetzt und geschrieben, also wahrhafftig sol uberein stimmen. In euerm schreiben meldet ihr auch bittweiß von meiner Himmelfart unter das Gestirn, so ir, wie ir mir zuschreibt erfaren, euch zuberichten, ob im also seye oder nicht, und euch solchs gantz unmöglich dünkt, so es doch einmal geschehen ist. Ihr auch dabey setzet, es müsse etwan durch den Teuffel oder Zäuberey geschehen seyn. Ja wett Fritz: Es sey ihm aber wie ihm wölle, ist es endlich[168] geschehen, und solcher gestalt wie ich euch auff euer bitt nachfolgends berichte.

Als ich einmal nit schlaffen kondte, und daneben an meine Calender und Practica gedachte, wie doch das Firmament am Himel qualificiert und beschaffen were, daß der Mensch oder die Physici solches hierunten abnemmen könten, ob sie gleich solchs nicht sichtbarlich, sonder nach gutdüncken, und den Büchern oder den opinionibus[169], disponiern und erforschen köndten. Sihe, so hört ich ein ungestümb brausen und Wind meinem Hauß zugehen, der mein Laden[170] und Kammerthür alles auffschlug, darob ich nit ein wenig erschrack. In dem höret ich eine brüllende

(166)* erbietig. (167)* aufsuchen. (168)* wirklich. (169)* Meinungen. (170)* Fenster.

Stimm, die sagt: Wolauff, deins Hertzen Lust, Sinn und Begierligkeit wirstu sehen. Darauff sagt ich: Wann diß zusehen ist, so ich erst gedacht, und dißmal mein gröste begierde ist, so wil ich mit. Er antwort wider, so schaue zum Laden herauß, so wirstu die Fuhr sehen. Das thät ich, und sahe ein Wagen mit zweyen Drachen herab fliegen, der war Hellischer Flammenweiß zu sehen. Als aber der Mond dasselbige mal am Himmel schiene, besahe ich auch meine Ross und Wagen. Diese Würme waren an Flügeln braun und schwartz, mit weiß gesprengleten tüpfflen, der Rück auch also[171], der Bauch, kopff und halß grünlecht, gelb und weiß gesprengt. Die Stimm schrey wider, so sitz auff und wandere. Ich sagt, Ich wil dir folgen, doch daß ich alle Umbstände fragen dörffe. Ja, antwort die Stimm, es sey dir dißmal erläubt. Darauff stiege ich auff den Kammerladen, sprang auff meine Kutschen, und fuhr davon. Die fliegende Drachen führten mich empor, der Wagen hatt auch 4 Räder, und rauschten, als wenn ich auff dem Lande führe, doch gaben die Räder im umbher lauffen immer Feurstromen, und je höher ich kame, je[172] finsterer die Welt war, unnd gedauchte mich nicht anders, als wenn ich vom hellen Sonnentag in ein finsters Loch führe. Sahe also vom Himmel herab in die Welt. In solchem fahren rauschte mein Geist unnd Diener daher, unnd sitzt zu mir auff den Wagen. Ich sagte zu im: Mein Mephostophiles, wo muß ich nu hinauß? Das laß dich nicht irren, sprach er, unnd fuhre also noch höher hinauff. Nu wil ich euch erzehlen, was ich gesehen hab. Dann am Dinstag fuhr ich auß, unnd kam am Dinstag wider zu Hauß, das waren acht Tag, darinnen thät ich nie kein Schlaff, war auch kein Schlaff in mir, unnd fuhr gantz unsichtbar. Als es nu am Morgens früh am Tag unnd hell wardt, sagt ich zu meinem Geist Mephostophili: Lieber, wie weit seyn wir schon gefahren, daß kanstu wissen? Dann ich wol an der Welt abnemmen kan, daß ich diese Nacht zimlich gefahren hab, auch so lang ich aussen war, keinen Durst noch Hunger gehabt. Mephostophiles sagt: Mein Fauste, glaub mir, daß du bishero schon 47.

---

(171)* ebenso. (172)* desto.

Meilen in die Höhe gefahren bist. Darnach sahe ich am Tag herab auff die Welt, da sahe ich viel Königreich, Fürstentumb unnd Wasser, also daß ich die gantze Welt, Asiam, Aphricam unnd Europam, gnugsam sehen kondte. Unnd in solcher Höhe sagt ich zu meinem Diener. So weise und zeige mir nu an, wie diß und das Land und Reich genennet werde. Das thät er, unnd sprach: Sihe, diß auff der lincken Hand ist das Ungerlandt[173]. Item, diß ist Preussen, dort schlimbs[174] ist Sicilia, Polen, Dennmarck, Italia, Teutschland. Aber Morgen wirstu sehen Asiam, Aphricam, Item[175], Persiam und Tartarey, Indiam, Arabiam. Und weil der Wind hinder sich schlägt, so sehen wir jetzund Pommern, Reussen[176] und Preussen, deßgleichen Polen, Teutschlandt, Ungern und Osterreich. Am dritten Tag sahe ich in die grosse unnd kleine Türckey, Persiam, Indiam und Aphricam. Vor mir sahe ich Constantinopel, und im Persischen unnd Constantinopolitanischen Meer sahe ich viel Schiff und Kriegßheer hin unnd wider schweben und fahren. Es war mir aber Constantinopel anzusehen, als wenn kaum drey Häuser da weren, und die Menschen als einer Spannen lang. Ich fuhr im Julio auß, war gar Warm, warff auch mein Gesicht[177] jetzt hier, jetzt dorthin, gegen Auffgang, Mittag, Nidergang und Mittnacht[178], da es dann an einem ort Regnete, an dem andern Donnerte, hie schlug der Hagel, am andern Ort war es schön, sahe auch endtlich alle ding, die gemeiniglich in der Welt sich zutrugen. Als ich nun 8. Tage in der Höhe war, sahe ich hinauff von ferrne, daß der Himmel so schnell fuhr und wältzte, als wenn er in tausend Stücken zerspringen, oder die Welt zerbrechen wolte. So war der Himmel so hell, daß ich nit weiters hinauff sehen konnte, und so hitzig, wann mein Diener keine Lufft gemacht hette, daß ich verbrennen müssen. Das Gewülcke, so wir unten in der Welt gesehen, ist so fest und dick, wie eine Mauer unnd Felsen, klar wie ein Cristall, und der Regen, so darvon

(173)* Ungarn. (174)* schräg gegenüber. (175)* ebenso. (176)* Rußland. (177)* Blick. (178)* Osten, Süden, Westen und Norden.

kompt, biß er auff die Erden fället, so klar, daß man sich darinnen ersehen kan. So bewegt sich das Gewülck am Himmel so kräfftig, daß es immer laufft, von Osten biß gen Westen, nimpt das Gestirn, Sonn und Mond mit sich. Daher (wie wir sehen) kompt, daß sie vom Auffgang zum Nidergang laufft, unnd gedauchte mich, die Sonne bey uns were kaum eines Faßbodems groß. Sie war aber grösser dann die gantze Welt, dann ich kondte kein End daran sehen. So muß der Mond zu Nacht, wenn die Sonne untergehet, das Liecht darvon empfangen, darumb scheint er zu Nacht so hell, wie es auch am Himmel hell ist, Unnd also zu Nacht der Tag am Himmel, unnd auff Erden finster und Nacht ist. Ich sahe also mehr dann ich begerte. Der Stern einer war grösser dann die halbe Welt. Ein Planet so groß als die Welt, und wo der Lufft war, da waren die Geister unter dem Himmel. Im herab fahren sahe ich auff die Welt, die war wie der Dotter im Ey, und gedauchte mich die Welt were nicht einer Spannen lang, und das Wasser war zwey mal breiter anzusehen. Also am 8. Tag zu Nachts kam ich wider zu hauß, und schlieff drey Tag nach einander, richtet hernach alle meine Calender und Practica darnach. Diß hab ich euch, auff euer begeren, nicht wöllen verhalten, unnd besehet also euer Büchere, ob meinem Gesicht nach diesem nicht also seye. Und seyt von mir freundlich gegrüsset.

Doctor Faustus der
Gestirnseher.

26 D. Fausti dritte Fahrt in etliche Königreich unnd Fürstenthumb, auch fürnembste Länder und Stätte.

Doct. Faustus nimpt im 16. jar ein Reyß oder Pilgramfahrt für, und befihlt also seinem Geist Mephostophili, daß er in, wohin er begerte, leyte und führe. Derhalben sich Mephostophiles zu einem Pferde verkehret unnd veränderte. doch hatt er flügel wie ein Dromedari, und fuhr also, wohin in

D. Faustus hin ländete. Faustus durchreisete und durchwandelte manch Fürstentumb, als das Landt Pannoniam, Osterreich, Germaniam, Behem[179], Schlesien, Sachssen, Meissen, Düringen, Franckenlandt, Schwabenlandt, Beyerlandt, Littau, Liefflandt, Preussen, Moscowiterlandt, Frießland, Hollandt, Westphalen, Seelandt, Brabandt, Flandern, Franckreich, Hispaniam, Portugall, Welschland, Polen, Ungern, unnd dann wider in Düringen. war 25 Tag aussen, darinnen er nit viel sehen kondte, darzu er Lust hette. Derhalben name er ein Widerfuhr[180], und ritte auf seinem Pferde auß, kam gen Trier, dann im diese Statt erstlich einfiel zusehen, weil sie so altfränckisch anzusehen war. da er nichts sonderlichs gesehen, dann einen Pallast, wunderbarlichs Wercks, welcher auß gebacken Ziegeln gemacht, und so fest, daß sie keinen feind zu fürchten haben. Darnach sahe er Kirchen, darinnen Simeon und der Bischoff Popo begraben war, welche auß unglaublichen grossen steinen mit Eysen zusammen gefüget, gemacht ist. Darnach wendet er sich gen Pariß in Franckreich, und gefielen im die Studia unnd hohe Schul gar wol. Was nu dem Fausto für Stätt und Landschafften in Sinn fielen, die durchwandert er. Als unter andern auch Meyntz, da der Mayn in Rhein fleußt. er saumpt sich aber da nicht lang, und kam in Campanien, in die Statt Neapolis, darinnen er unsäglich viel Klöster und Kirchen gesehen, und so grosse hohe und herrliche gezierte Häuser, daß er sich darob verwundert. Unnd darinnen ist ein herrlich Castell oder Burg, so neu gebauet, welches für allen anderen Gebäuen in Italia den preiß hat, der höhe, dicke und weite halb[181], mit mancherley Zierd der Thürn[182], Gemäuer, Palläst unnd Schlaffkammern. Dabey ein Berg ligt, Vesuvius genannt, der voller Weingärten, Oelbäum und etlicher andern fruchtbaren Bäume, und solchen Wein, den man den Griechischen Wein nennet, so herrlich und gut. Bald fällt im Venedig ein, verwundert sich, daß es gerings herumb im Meer lag, da er dann alle Kauffmanschafft und Notturfft

(179)* Böhmen. (180)* wiederholte Fahrt. (181)* halber (wegen). (182)* Türme.

zur Menschlichen Unterhaltung gesehen, dahin zu schiffen sahe, und wundert in, daß in einer solchen Statt, da schier gar nichts wächßt, dennoch ein Uberfluß ist. Er sahe auch ab[183] die weite Häuser und hohen Thürn und Zierde der Gottshäuser und Gebäu mitten in dem Wasser gegründet und auffgerichtet. Weiters kompt er Welschlandt gen Padua, die Schul[184] da zu besichtigen. Diese Statt ist mit einer dreyfächtigen[185] Mauer befästiget, mit mancherley Gräben, unnd umblauffenden Wassern. darinnen ist eine Burg und Veste, und ir Gebäu ist mancherley. da es auch hat eine schöne Thumbkirch[186], ein Rahthauß, welches so schöne ist, daß keines in der Welt diesem zuvergleichen seyn sol. Ein Kirche S. Anthonii genannt, ist allda, daß ires gleichen in gantz Italia nit gefunden wirt. Fürters[187] kam er gen Rom, welche ligt bey einem Fluß Tyberis genannt, so mitten durch die Statt fleußt, und jenseyt der rechten Seyten, begreifft die Statt sieben Berg umb sich, hat eilff Pforten und Thor, Vaticanum, ein Berg, darauff S. Peters Münster oder Thumb ist. Dabey ligt deß Bapsts pallast, welcher herrlich mit einem schönen Lustgarten umbfangen, dabey die Kirchen Lateranensis, darinnen allerley Heylthumbs[188], und die Apostolische Kirch genannt wirt, welche auch gewiß eine köstliche unnd berühmte Kirchen in der Welt ist. Deßgleichen sahe er viel Heydnische verworffene[189] Tempel. Item, viel Seulen, Steigbogen, etc. welches alles zu erzehlen zu lang were, also daß D. Faustus sein Lust unnd kurtzweil dran sahe. Er kam auch unsichtbar für deß Bapsts Pallast, da sahe er viel Diener und Hoffschrantzen, und was Richten und Kosten[190] man dem Bapst aufftruge, und so überflüssig, daß D. Faustus darnach zu seinem Geist sagte: Pfuy, warumb hat mich der Teuffel nicht auch zu einem Bapst gemacht. Doct. Faustus sahe auch darinnen alle seines gleichen, als ubermut, stoltz, Hochmut, Vermessenheit, fressen, sauffen, Hurerey, Ehebruch, unnd alles Gottloses Wesen deß Bapsts und seines

---

(183)* über. (184)* Universität. (185)* dreifachen. (186)* Dom. (187)* danach. (188)* Reliquien. (189)* verfallene. (190)* Gerichte und Speisen.

Geschmeiß, also, daß er hernach weiters sagte: Ich meynt ich were ein Schwein oder Sau deß Teuffels, aber er muß mich länger ziehen. Diese Schwein zu Rom sind gemästet, und alle zeitig[191] zu Braten und zu Kochen. Und dieweil er viel von Rom gehört, ist er mit seiner Zauberey drey tag unnd Nacht, unsichtbar, in deß Bapsts Pallast blieben, unnd hat der gute Herr Faustus seythero nicht viel Guts gessen, noch getruncken. Stunde also vor dem Bapst unsichtbar einmal, wann der Bapst essen wolt, so macht er ein Kreutz vor sich, so offt es dann geschahe, bließ D. Faustus ihm in das Angesicht. Einmal lachte D. Faustus, daß mans im gantzen Saal hörete, dann weynete er, als wenn es im ernst were, und wusten die Auffwarter nit was das were. Der Bapst beredet das Gesinde, es were ein verdampte Seele, und bete umb Ablaß, Darauff ihr auch der Bapst Busse aufferlegte. Doct. Faustus lachte darob, und gefiel im solche Verblendung wol. Als aber die letzte Richten und kosten auff deß Bapsts Tisch kamen, und in, D. Faustum, hungert, hub er, Faustus, seine Hand auff, als bald flogen im Richten und Kosten, mit sampt der Schüssel in die hand, und verschwand also damit, sampt seinem Geist, auff einen Berg zu Rom, Capitolium genannt, asse also mit Lust. Er schickte auch seinen Geist wider dahin, der must im nur den besten Wein von deß Bapsts Tisch bringen, sampt den silbern Bechern und Kanten[192]. Da nun der Bapst solchs alles gesehen, was im geraubt worden, hat er in derselbigen Nacht mit allen Glocken zusammen leuten lassen. Auch Meß und fürbit für die verstorbene Seel lassen halten, und auff solchen Zorn deß Bapsts, den Faustum oder verstorbenen Seel in das Fegfeuer condemniert[193] und verdampt. D. Faustus aber hette ein gut fegen mit deß Bapstes Kosten und Tranck. Solchs Silbergeschirr hat man nach seinem Abschiedt hinder ihm gefunden. Als es nun mit Mittnacht ward, und Faustus sich von solcher speiß gesättigt hatt, ist er mit seinem Geist widerumb in die Höhe auffgeflogen, und gen Meyland in Italiam kommen, welches in ein gesunde Wohnung dauchte, dann es ist da

(191)* bereit, reif. (192)* Kannen. (193)* verdammt.

kein anzeigung der hitze, auch sind da frische Wasser, und 7 gar schöne See, auch hat er da viel ander schöne Flüß und Wasser gezehlet und abgenommen. Es sind auch darinnen schöne feste wol erbauete Tempel unnd Königliche Häuser, doch altfränckisch. Ihme gefiele auch die hohe Burg oder das Schloß mit iren Vesten, der köstliche Spital zu unser Frauen. Florentz besichtiget er auch, er wunderte sich dieses Bisthumbs, der künstlichen Zierdt von den schönen Schwibbogen und Gewelben, deß schönen gezierten Baumgarten zu S. Maria. Der Kirchen, so allda im Schloß ligt, mit schönen köstlichen Umbgängen bekleidet, auch einen gantz auffgerichten Marmelsteinen Thurn. das Thor, dadurch man gehet, mit Glocken oder Ertzspeiß gemacht, darinnen die Historien deß alten und neuen Testaments gegraben. die Gegend darumb trägt guten Wein, auch künstliche[194] Leut und Handtierung darinnen. Item, Leon in Franckreich, zwischen zweyen Bergen ligend, und zweyen Flüssen umbfangen, dabey ein Tempel trefflicher würdigkeit, daneben auch ein herrliche Seul, mit schönen gehauen Bildern. Von Leon wendt er sich gen Cölln am Reinstrom gelegen, darinn ist ein Stifft, das hohe Stifft genannt, da die 3 König, so den Stern Christi gesucht, begraben ligen. Als D. Faustus solchs sahe, sagt er: O ir gute Männer, wie seyt ihr so irr gereiset, da ir solt in Palestinam gen Bethlehem in Judea ziehen, und seyt hieher kommen, oder seyt villeicht nach euerm todt ins Meer geworffen, in Reinstrom geflöst, und zu Cölln auffgefangen, und allda begraben worden. Alda ist auch der Teufel zu S. Ursula mit den 11000. Jungfrauen. Sonderlich gefiel im da die schönheit der Weiber. Nit weit davon ligt die Statt Ach[195], ein stuel deß Keysers, in dieser Statt ist ein gantz Marmelsteiner Tempel, so der groß Keyser Carolus sol gebaut haben, und geordnet[196], daß alle seine Nachkommen die Kron darinnen empfangen sollen. Von Cölln und Ach lendt er sich wider ins Welsche Land gen Genff, die Statt zu besichtigen, welche ist ein Statt in Saphoy[197],

(194)* kunstfertige. (195)* Aachen. (196)* angeordnet. (197)* Savoien.

ligt in der gegend deß Schweitzerlands, ein schöne und grosse Gewerbstatt, hat gute fruchtbare Weinwachß, und wont ein Bischoff da. Er kam auch gen Straßburg, und hat D. Faustus erfaren, warumb es Straßburg genannt wirt, nemlich, von vile der Wege, Eingäng und Strassen, davon sie den Namen bekommen, hat allda ein Bisthumb. Von Straßburg kame er gen Basel in Schweitz, da der Rhein schier mitten durch die Statt rinnet, und wie er von seim Geist berichtet, sol diese Statt den Namen von einem Basilißken, so allda gewont, haben. Die Maur ist mit Zigelsteinen gemacht, und mit tieffen Gräben gezieret. Es ist auch ein weit fruchtbar Land, da man noch viel alte Gebäue sihet, da ist auch eine hohe Schul[197a], unnd gefiel ihm kein schöne Kirch darinnen, denn[197b] das Carthäuser Hauß. Von dannen kam er gen Costnitz[198], da ist ein schöne Brücken von der Statt Pforten uber den Rein gemacht. Diser See, sagt der Geist zu Fausto, ist 20000 schritt lang, und 15000 schritt breit, dise Statt hat von dem Constantino den Namen empfangen. Von Costnitz gen Ulm, der Namen Ulma ist vom Feldgewächß entsprungen, dahin die Donau fleußt, aber durch die Statt geht ein Fluß, die Blau genannt. hat ein schöns Münster, und Pfarrkirchen zu S. Maria, hat Anno 1377 angefangen ein zierlich, köstlich und künstlich Gebäu, dergleichen kaum gesehen wirt, darinnen sind 52 Altär, und 52 Pfründen, so ist auch ein künstlich und köstlich Sacrament Hauß darinnen. Als nu D. Faustus von Ulm wider umbkeren, und weiter wolt, sagte sein Geist zu im: Mein Herr, sehet die Statt an, wie ir wöllet, sie hat drey Graffschafften mit barem Gelt an sich bracht, und mit allen iren Privilegien und Freyheiten erkaufft. Von Ulm auß, als er mit seinem Geist in die Höhe kam, sahe er von ferrnen viel Landschafften und Stätte. darunter auch eine grosse Statt, und dabey ein grosses unnd festes Schloß, dahin ländt[199] er sich, und war Würtzburg, die Bischoffliche Hauptstatt in Francken, daneben der Fluß Mayn her fleust. da wächßt guter starcker wolschmackender Wein, und sonsten von Getreyde auch

(197 a)* Universität. (197 b)* als. (198)* Konstanz. (199)* wendete.

Fruchtbar. In diser Statt hat es viel Orden, als Bettel Orden, Benedictiner, Stephaner, Carthäuser, Johanser unnd Teutschen Orden. Item, es hat allda drey Carthäuserische Kirchen, on [200] die Bischoffliche Thumbkirchen, 4 Bettel Orden, 5 Frauen Klöster, und 2 Spital zu S. Maria, die dann am Thor ein wunderbarlich Gebäu hat. D. Faustus, als er die Statt uberall besichtiget, ist er zu Nachts in deß Bischoffs Schloß auch kommen, das allenthalben besehen, und allerley Proviant darinnen gefunden. Als er nu die Felsen besichtiget, sahe er ein Capellen darinnen gehauen, unnd als er allerley Wein versuchte, ist er widerumb davon gefahren. Und gen Nürenberg kommen. da sagt ihm der Geist unterwegen: Fauste, wisse, daß Nürnberg der name von Claudio Tyberio Nerone entspringt, und von Nero Nürnberg genannt worden. Darinnen sind 2 Pfarrkirchen, S. Seboldt, der da begraben ligt, und S. Lorentz Kirchen, darinnen hangt deß Keysers Zeichen, als der Mantel, Schwerdt, Scepter, Apfel und Kron, deß grossen Keysers Caroli. Es hat auch drinnen ein schönen ubergülten[201] Brunnen, der schön Brunn genannt, so auff dem Marckt steht, darinnen ist oder sol seyn der Sper, so Longinus Christo in die Seyten gestochen, und ein stück vom H. Creutz. Diese Statt hat 528 Gassen, 116 Schöpffbrunnen, 4 grosser und 2 kleiner Schlaguhrn, 6 grosser Thor, und 2 kleiner Thörlin, 11 steinern Brücken, 12 berge, 10 geordnete Märckt, 13 gemeiner Badstuben, 10 Kirchen darinn man predigt. In der Statt hat es 68 Mülräder, so das Wasser treibt, 132 Hauptmannschafft, 2 grosse Ringmaurn und tieffe Gräben, 380 Thürne, 4 Pasteyen, 10 Apotecken, 68 Wächter, 24 Schützen oder Verrähter, 9 Stattknecht, 10 Doctores in Jure, und 14 in Medicina. Von Nürnberg gen Augspurg, da er morgens früe, als der tag erst anbrach, hinkame, fraget er seinen Diener: Wo Augspurg iren namen her habe. Er sprach: Augspurg die Statt hat etliche namen gehabt, dann sie erstlich, als sie erbauen, Vindelica genannt worden, darnach Zizaria, dann Eysenburg, und endlich von Augusto

(200)* ohne. (201)* vergoldeten.

Octaviano, dem Keyser, Augusta genannt worden. Und dieweil sie D. Faustus zuvor auch gesehen, ist er fürüber gefahren, und sich gelendt gen Regenspurg. Dieweil D. Faustus auch fürüber wolte reysen, sagt der Geist zu ihm: Mein Herr Fauste, dieser Statt hat man 7 namen geben, als nemlich Regenspurg, den namen, so sie noch hat, sonst Tyberia, Quadrata, Hyaspolis, Reginopolis, Imbripolis, und Ratisbona, das ist[202], Tyberius Augusti Sone. Zum 2. die vierecket Statt. Zum 3. von wegen der groben Sprach, der nachgehenden[203] Nachbarschafft. Zum 4. Germanos, Teutschen. Zum 5. Königsburg. Zum 6. Regenspurg. Zum 7. von Flössen und schiffen daselbsten. Dise Statt ist fest, starck und wol erbaut, bey ir läufft die Donau, in welche bey 60 flüß kommen, schier alle schiffreich. Da ist Anno 1115 ein künstliche, berümbte, gewälbte Brück auffgerichtet worden wie auch ein Kirch, die zu rühmen ist, zu S. Remigien, ein künstlich werck. D. Faustus ist aber bald wider fortgeruckt, und sich nit lang da geseumbt, allein hat er einen Diebstall gethan, und einem Wirt zum hohen Busche den keller besucht, darnach sich gewend, und kommen gen München ins Beyerland, ein recht Fürstlich Land. Die Statt ist neu anzusehen, mit schönen weiten Gassen, und wolgezierdten Häusern. Von München auß gen Saltzburg, ein Bischoffliche Statt im Beyerland ligend, welche auch anfangs etliche namen gehabt. Dise Gegend hat Weyer, ebene Bühel, See, Berge, darvon sie Weydvögel[204] und Wildprät bekommen. Von Saltzburg gen Wien in Osterreich. Dann er sahe die Statt von ferrne, und wie in der Geist bericht, sol nit bald ein älter Stat gefunden werden, und vom Flavio dem Landvogt also genennt seyn. Diese Statt hat einen grossen weiten graben, mit einem Vorschutt[205], hat auch im umbkreiß der Maurn 300 schrit und wol befestigt. die Häuser sind gemeiniglich all gemalt[206], und neben der Keyserlichen wonung ein hohe schul uffgericht. Dise Statt hat zur Oberkeit nur 18 Personen. Item, man braucht zum weinlesen 1200 Pferdt,

---

(202)* zu ergänzen: zum ersten. (203)* umgebenden. (204)* Jagdvögel. (205)* Wall. (206)* bemalt.

so hat diese Statt auch weite ungegründte[207] keller, die gassen mit harten steinen, die Häuser mit lüstigen[208] gemachen und stuben, weit an stallungen, und sonst mit allerley gezierden. Von Wien reiset er in die höhe, und sihet von der höhe herab ein Statt, die doch ferrn lag, das war Prag, die Haupstatt in Behem. diese Statt ist groß, und in drey Theil getheilt, nemlich alt Prag, neu Prag und klein Prage. klein Prag aber begreifft in sich die lincke seyten, und der Berg, da der königliche Hoff ist, auch S. Veit, die Bischoffliche Tumbkirchen. Alt Prag ligt auff der ebne, mit grossen gewaltigen Gräben geziert. Auß dieser Statt kompt man zur kleinen Statt Prag uber ein Brücken, dise Brück hat 24 schwibbogen. So ist die neu Statt von der alten Statt mit eim tieffen graben abgesöndert, auch rings umb mit Mauren verwart. daselbst ist das Collegium der hohen Schule. die Statt ist mit einem Wall umbfangen. D. Faustus reiset auff Mitternacht zu, und sihet wider ein andere Statt, und da er sich von einer ebne herab ließ, war es Crackau, die Hauptstatt in Polen, eine schön und gelehrte schul allda. Dise Statt ist die Königliche Wonung in Polen, und hat von Craco dem Polnischen Hertzogen den Namen empfangen. Dise Statt ist mit hohen Thürnen, auch mit Schütt unnd Gräben umbfangen, derselbigen Gräben sind etliche mit Fischwassern umbgeben. Sie hat 7 Pforten, und viel schöner grosser Gottshäuser. Dise gegend hat grosse mächtige hohe Felsen und Berge, drauff sich D. Faustus herunter gelassen, deren einer so hoch ist, daß man meynet, er halte den Himmel auff. allda D. Faustus auch in die Statt hat sehen können, hat also D. Faustus in dieser Statt nit einkehret, sonder unsichtbar umb die Statt herumb gefahren. Von diesem Bühel[209], darob D. Faustus etliche Tag geruhet, begibt er sich wider in die höhe, gen Orient[210] zu, und reiset für vil Königreich, Stätt und Landschafften. wandelte also auch auff dem Meer etliche Tage, da er nichts dann Himmel und Wasser sahe, und kame in Thraciam oder Griechenlandt, gen Constanti-

(207)* tiefe. (208)* schönen (Gemächern). (209)* Hügel. (210)* Osten.

nopel, die jetzundt der Türck Teucros nennet, allda der Türckische Keyser Hoff helt, und vollbracht daselbst viel Abentheur, wie hernach etlich erzehlt werden, so er dem Türckischen Keyser Solimanno zugefügt. Constantinopel hat iren Namen von dem grossen Keyser Constantino. Diese Statt ist mit weiten Zinnen, Thürnen und Gebäuen auffgericht und geziert, daß mans wol neu Rom mag nennen, und fleußt neben an beyden orten das Meer. Dise Statt hat 11 Pforten, 3 Königliche Häuser oder wonungen. D. Faustus besahe etliche tage deß Türckischen Keysers macht, gewalt, Pracht und Hofhaltung, und auff einen Abend, als der Türckische Keyser uber der Tafel saß und asse, macht im D. Faustus ein Affenspiel und Abentheur, denn in deß Türckischen Keysers Saal herumb giengen grosse Feuerstromen, daß ein jeglicher zulieff zu leschen, in dem hub es an zu Donnern und Blitzen. Er verzaubert auch den Türckischen Keyser so sehr, daß er weder auffstehen oder man in von dannen tragen kondt. In dem wurde der Saal so hell, als wann die Sonnen darinnen wohnete, Und D. Fausti Geist tratt in gestalt, zierd und geschmuck eins Bapsts für den Keyser, und spricht: Gegrüsset seystu Keyser, der je so gewürdiget, daß ich dein Mahomet vor dir erscheine. Mit solchen kurtzen Worten verschwandt er. Der Keyser fiel nach dieser Bezauberung auff die Knie nider, rüfft also seinen Mahomet an, lobt und preißt in, daß er in so gewürdiget, und vor im erschienen were. Morgen am andern Tage fuhr D. Faustus in deß Keysers schloß ein, darinnen er seine Weiber und Hurn hat, und niemand daselbst innen wandeln darff, als verschnittene Knaben, so dem Frauenzimmer auffwarten. Dieses Schloß verzauberte er mit einem solchen dicken Nebel, daß man nichts sehen kundte. D. Faustus, wie auch vor sein Geist, namen solche gestalt und wesen an, und gab sich vor[211] den Mahomet auß, wonet also 6 tag in diesem Schloß, so war der Nebel so lang da, als lang er da wonete. Wie auch der Türck dißmal sein volck vermanet, diese Zeit mit viel Ceremonien zubegehen. D. Faustus der aß, tranck,

(211)* für.

war gutes muts, hatt seinen Wollust, und nach dem er solchs vollbracht, fuhre er im Ornat und Ziede eines Bapsts in die Höhe, daß ihn männiglich[212] sehen kondte. Als nun D. Faustus widerumb hinweg, und der Nebel vergangen war, hat sich der Türck in das Schloß verfüget, seine Weiber gefordert, unnd gefragt, wer allda gewesen were, daß das schloß so lang mit einem Nebel umbgeben gewest. Sie berichten in, es were der Gott Mahomet gewest, und wie er zu Nacht die und die gefordert, sie beschlaffen, unnd gesaget: Es würde auß seinem Samen ein groß Volck und streitbare Helden entspringen. Der Türck nam solchs für ein groß Geschenck an, daß er im seine Weiber beschlaffen, fraget auch hierauff die Weiber, ob er auch eine gute Prob, als er sie beschlaffen, bewiesen? Ob es Menschlicher weise were zugangen? Ja antworten sie, es were also zugangen, er hett sie geliebet, gehälset und were mit dem Werck wol gestaffiert, sie wolten solches alle Tage annemmen. Zu deme, so were er nackendt bey inen geschlaffen, und in gestalt eines Mannsbilds, allein sein Sprach hetten sie nit verstehen können. Die Priester beredten den Türcken, er solte es nit glauben, daß es der Mahomet were, sonder ein gespänst. Die Weiber aber sagten: Es seye ein gespänst oder nit, er hette sich freundtlich zu inen gehalten, und zu Nacht einmal oder sechs, und je mehr[213] sein Prob meisterlich bewiesen, und were in summa wol gestaffiert, etc. Solchs machte dem Türckischen Keyser viel nachdenckens, daß er in grossem zweiffel stunde. D. Faustus wendet sich gegen Mitternacht zu in die grosse Hauptstatt Alkair[214], die vormals Chayrum oder Memphis genannt worden, darinnen der Egyptische Soldan sein Schloß oder Hoffhaltung hat. Da theilet sich der Fluß Nilus in Egypten, ist der gröste Fluß in der gantzen Welt, und so die Sonne im Krebs geht, so begeußt und befeuchtigt er das gantze Land Egypten. Darnach wendet er sich wider gegen Auffgang unnd Mitternacht werts gen Ofen[215], und Sabatz in Ungern. Ofen diese Statt ist und war die Königliche Hauptstatt in Ungern, diß ist ein fruchtbar Land, allda hat

(212)* jeder. (213)* und öfter. (214)* Algier. (215)* Buda(pest).

es Wasser, wann man Eysen darein senckt, so wirdt es zu Kupffer. Es hat gruben allda von Goldt, Silber und allerley Metall. Die Statt nennen die Ungern Start, welchs auff Teutsch Ofen genannt, ein grosse Veste, und mit einem trefflichen schönen Schloß gezieret. Von dannen wandte er sich gen Magdeburg und Lübeck in Sachssen. Magdenburg ein Bischofflicher Stuel, in dieser Statt ist der 6. Krüg einer auß Cana in Galilea, darinnen Christus Wein auß wasser machte. Lübeck ist auch ein Bischofflicher Stul in Sachsen, etc. Von Lübeck kam er in Düringen gen Erfurt, da ein hohe Schul ist. Von Erfurt lendet er sich widerumb auff Wittemberg zu, und kam also da er anderhalb jar aussen war, wider heim, und hatt also viel Landschafftten gesehen, so nit alle zubeschreiben sind.

27 Vom Paradeiß.

Doctor Faustus, als er in Egypten war, allda er die statt Alkair besichtiget, unnd in der höhe uber viel Königreich und Länder reisete, als Engelland, Hispaniam, Franckreich, Schweden, Polen, Dennemarck, Indiam, Aphricam, Persiam, etc. Ist er auch in Morenland kommen, und neben immerdar auff hohe Berg, Felsen und Insulen sich gelendt und geruhet, ist sonderlich auch in dieser fürnemmen Insel Britannia gewest, darinn viel wasserflüß, warme brünnen, menge der Metall seyn, auch der stein Gotts, und viel andere, so D. Faustus mit sich herauß gebracht. Orchades sind Insel deß grossen Meers, innerhalb Britannien gelegen, und sind deren 23 in der Zal, deren 10 sind wüst, und 13 wonhafft. Caucasus zwischen India und Scythia, ist die höchste Insel mit seiner höhe und gipffel. Darob D. Faustus vil Landschafft und weite deß Meers ubersehen, allda sind so vil Pfefferbäume, wie bey uns die Wachholder Stauden. Creta die Insel in Griechenlandt, ligt mitten im Gandischen Meer, den Venedigern zuständig, da man Malvasier machet. Diese Insel ist voller Geissen, unnd mangelt der Hirschen. Sie gebiert kein schädlich Thier, weder Schlangen, Wölff noch Füchß, allein grosse gifftige

Spinnen werden allda gefunden. Diese und viel andere Inseln mehr, so ihme der Geist Mephostophiles all erzehlte, und gewiesen, hat er außgespehet und besehen. Und damit ich ad propositum[216] komme, ist diß die ursach gewest, daß D. Faustus sich auff solche Höhen gethan, nit allein daß er von dannen etliche Theils deß Meers, unnd die umbligende Königreich und Landschafftten ubersehen, etc. Sondern vermeynet, dieweil etliche hohe Insulen mit ihren Gipffeln so hoch seyen, wölle er auch endlich das Paradeiß sehen können, dann er hatt seinen Geist nit darumb angesprochen, noch ansprechen dörffen, und sonderlich in der Insel Caucasus, welche mit iren Gipffeln und Höhe alle andere Inseln ubertrifft, vermeinte, es solt im nit fehlen das Paradeiß zusehen. Auff diesem Gipffel der Insel Caucasi, sihet er gar das Land Indiam und Scythiam, und gegen Auffgang[217], sahe er von ferrne von der höhe hinauff, biß zu der Mitnächtigen[218] Linien ein Helle, gleich wie ein hellescheinende Sonne, ein Feuerstromen als ein Feur auffgehen, von der Erden biß an den Himmel umbgeschrencket[219] auff der Erden, gleich einer kleinen Insel hoch. er sahe auch in dem Thal und auff dem Lande vier grosser wasser springen, eins gegen Indien zu, das ander gegen Egypten, das dritte gegen Armenien, und das 4. auch dahin. In solchem, so er gesehen, hett er gern sein Fundament und Ursprung gewist, derhalben ihm fürname, den Geist drumb zu fragen. das thät er doch mit erschrokkenem hertzen, und fragt also seinen Geist was es were? der Geist gab im gute antwort, und sagt: Es were das Paradeiß, so da lege gegen Auffgang der Sonnen, ein Gart, den GOTT gepflantzet hette, mit aller Lustbarkeit, und diese feurige Strömen were die Maur, so Gott dahin gelegt, den Garten zuverwahren und umbzuschrencken. Dort aber (sagte er weiter) sihestu ein uberhelles Liecht, das ist das feurige Schwerdt, mit welchem der Engel disen Garten verwart, und hast noch so weit dahin, als du immer je gewest bist, du hast es in der Höhe besser sehen können,

---

(216)* zur Sache. (217)* Osten. (218)* nördlichen. (219)* umgrenzt.

aber nit war genommen, etc. Dieses Wasser, so sich in 4 theil zertheilet, sind die Wasser, so auß dem Brunnen der mitten im Paradeiß steht, entspringen, als mit namen Ganges oder Phison, Gihon oder Nilus, Tygris und Euphrates. und sihest jetzt, daß er unter der Wag und Widder ligt, reicht biß an Himmel, und auff diese feurige Mauren ist der Engel Cherubin mit dem flammenden Schwert, solches alles zuverwaren geordnet. Aber weder du, ich, noch kein Mensch kan dazu kommen.

28 Von einem Cometen.

In Eißleben ist ein Comet gesehen worden, der wunder groß war. Da fragten etliche seine gute Freundt D. Faustum, wie das zugieng. Antwort er inen, und sagt: Es geschicht offt, daß sich dem Mond am Himmel verwandelt, und die Sonne unterhalb der Erden ist. Wann dann der Mond nahe hinzu kompt, ist die Sonne so kräfftig und starcke, daß sie dem Mond seinen schein nimpt, daß er aller[220] roht wirt. wann nu der Mond widerumb in die höhe steigt, verwandelt er sich in mancherley Farben, und springt ein Prodigium[221] vom höchsten drauß, wirt alsdenn ein Comet, und seyn der figur und bedeutung, so Gott verhängt, mancherley. Einmal bringet es Auffruhr, krieg oder sterben im Reich, als Pestilentz, Gehentod[222], und ander seuchten. Item, wassergüß, wolckenbrüch, brunst[223], theurung und dergleichen. Durch solche Zusammenfügungen und verwandelungen deß Monds und der Sonnen wirt ein Monstrum als ein Comet, da denn die bösen Geister, so die verhängnuß Gottes wissen, mit iren Instrumenten gerüst sind. diser Stern ist gleich wie ein Hurenkind unter den andern, da der Vatter ist, wie oben gemeldt, Sol & Luna[224].

---

(220)* überall. (221)* Wunderzeichen. (222)* jähen Tod. (223)* Feuer. (224)* Sonne und Mond.

29 Von den Sternen.

Ein fürnemmer Doctor N. V. W. zu Halberstatt, lude D. Faustum zu Gast, und ehe das essen zugerüst war, sahe er ein weil zum fenster hinauß an Himmel, der dann dazumal als im Herbst voller Sterne war. Und dieser Doctor war ein Medicus, darneben ein guter Astrologus, der ursachen[225] er, und daß er von D. Fausto etliche verwandlung der Planeten und Stern erkündigen möchte, D. Faustum sonderlichen beruffen hatt, leynete[226] sich derhalben zu D. Fausto unter das Fenster umb die helle deß Himmels, und vile der Stern von im zuerkündigen, und als er sahe, wie sie sich butzten und herab fielen, fragt er D. Faustum wie es ein Condition[227] und gelegenheit damit habe. D. Faustus antwortet: Mein Herr und lieber bruder, ir wist zuvor, daß der kleinest stern am Himmel, so uns hierunden kaum wie unsere grosse Wachsliechter geduncket, grösser ist als ein Fürstenthumb. So ist es gewiß, wie ichs auch gesehen hab, daß die weite und breite deß Himmels, grösser ist, dann 12 Erdbodem. wie dann am Himmel kein Erden zusehen ist, so ist mancher Stern grösser, denn diß Land, einer so groß als die Statt. jenseyt ist einer so groß, als das gezircke[228] deß Röm. Reichs, diser so groß als die Türckey, und die Planeten, da ist einer so groß als die gantze Welt.

30 Ein Frage von gelegenheit der Geister, so die Menschen plagen.

Das ist war, saget dieser D. mein Herr Fauste. Wie hat es aber ein Gestalt umb die Geister, dieweil man spricht, daß sie nit allein zu tag, sonder auch zu Nacht die Menschen plagen. Antwort D. Faustus: Die Geister, dieweil sie der Sonnen nicht unterworffen seyn, so wohnen und wandeln sie unter dem Gewülcke. unnd je heller die Sonne scheint, je höher die Geister ire wonung haben, und suchen, denn das Liecht und der schein der Sonnen, ist ihnen von Gott

(225)* weswegen. (226)* lehnte. (227)* Grund. (228)* Bereich.

verbotten, und nit gegönnt noch zugeeignet. aber zu Nacht, da es gestickt finster ist, wonen sie unter uns Menschen, dann die helle der Sonnen, ob sie schon nit scheint, macht den ersten Himmel so hell wie der tag, daß also in der dicke der Nacht, ob die Stern schon nit scheinen, dennoch wir Menschen den himmel ersehen können. Daher denn folgt, daß die Geister, dieweil sie den anblick der Sonnen, welcher in die höhe uffgestiegen, nit erdulden noch leiden können. sie sich nahe zu uns auff die Erden thun bey uns menschen wonen, dieselbigen mit schweren träumen, schreyen und erscheinen grausamer und erschrecklicher gestalt ängstigen. dann wan ir finster und one Liecht hinauß geht, so fällt euch vil schrecken zu, so habt ir bey nacht auch viel phantaseyen, welches bey dem Tag nicht geschiehet. Zu dem, so erschrickt einer im Schlaff, meynendt, es seye ein Geist bey ihm, er greiffe nach im, gehe im Hause, oder im Schlaff umb, und ander dergleichen. Dieses alles begegnet uns darumb, dieweil uns die Geister deß Nachts nahe seind, und uns mit allerley Bethörung unnd Verblendung ängstigen und plagen.

31 Ein ander Frag, von den Sternen, so auff die Erden fallen.

Umb der Stern Wirckung so sie erleuchtet, und herab fallen auff die Erden, ist es nichts neues, sondern begibt sich alle Nacht. Wann es nun also Funcken oder flammen gibt, seind es Zeichen, so von den Sternen fallen, oder wie wirs butzen nennen, die seind zeh, schwartz und halb grünlicht. Aber daß ein Stern fallen solt, ist allein der Menschen gedüncken, und sihet man offt ein grossen Feurstrom bey Nacht herab fallen, das seind nicht, wie wir vermeynen, fallende Stern. Dann ob wol ein Butzen viel grösser ist als der ander, verursacht solches, daß auch die Stern ein ander ungleich seyn. Und fällt kein Stern, one Gottes sondere verhengnuß[229], vom Himmel, es wölle dann

(229)* Willen.

Gott Landt und Leut straffen. alsdann bringen solche Stern das Gewölck deß Himmels mit sich, dardurch folget groß Gewässer, oder Brunst, und verderbung Land und Leut.

32 Vom Donner.

Im Augstmonat war zu Wittenberg Abendts ein grosses Wetter entstanden, daß es kisselte[230] und sehr Wetterleuchtet, und Doctor Faustus ob dem Marckt bey andern Medicis stunde, die von ihm Ursach und Gelegenheit dieses Wetters zu wissen begerten. Denen gab er Antwort: Ist im nicht also, je zu zeiten, wann ein Wetter einfallen wil, so wirt es zuvor windig. Aber letzlich wenn es ein weil gewittert hat, erheben sich grosse Platzregen. Solches kompt daher, wann die vier Wind deß Himmels zusammen stossen, wirdt das Gewölk dardurch zusammen getrieben, oder bringt das Gewölk zu erst daher, und mischet also an einem ort, einen Regen oder schwartz Gewölck, wie denn da auch zu sehen, daß uber die Statt so ein schwartz Gewölck gehet. Darnach wenn das Gewitter sich erhebt, mischen sich die Geister darunter, und fechten mit den vier orten deß Himmels, also daß der Himmel die Stöß erweckt, und das nennen wir Donnern oder boldern. Wann dann der Wind so groß ist, wil der Donner nirgend fort, stehet an, oder aber es treibet geschwind fort, darnach merckt an welchem End sich der Wind erwecket, der treibet das Gewitter, also daß offt von dem Mittag ein Gewitter daher kompt, je im Auffgang, Nidergang unnd Mitternacht.

(230)* hagelte.

Folgt der dritt unnd letzte Theil von D. Fausti Abentheuer, was er mit seiner Nigromantia an Potentaten Höfen gethan und gewircket. Letzlich auch von seinem jämmerlichen erschrecklichen End unnd Abschiedt.

33 Ein Historia von D. Fausto und Keyser Carolo Quinto.

Keyser Carolus der Fünfft dieses Namens, war mit seiner Hoffhaltung gen Inßbruck kommen, dahin sich D. Faustus auch verfüget, unnd von vielen Freyherrn und Adelspersonen, denen sein Kunst und Geschickligkeit wol bewust, sonderlich diesen so er mit Artzney unnd Recepten von vielen namhafften Schmertzen und Kranckheiten geholffen, gen Hof zum Essen geladen und beruffen, gaben ihm das Geleydt dahin, Welchen Keyser Carolus ersehen, unnd Achtung auff in gegeben, wer er seye? Da ward im angezeigt, es were D. Faustus. Darauff der Keyser schwige, biß nach Essens zeit, diß war im Sommer nach Philippi und Jacobi. Darnach forderte der Keyser den Faustum in sein Gemach, hielte im für, wie ihm bewust, daß er ein erfahrner der schwartzen Kunst were, unnd einen Warsager Geist hette, were derhalben sein begern, daß er in ein Prob sehen lassen wolt, es solte ihm nichts widerfahren, daß verhiesse er bey seiner Keyserlichen Kron. Darauff D. Faustus irer Key. May. unterthänigst zu willfahren sich anbotte. Nun so höre mich, sagt der Keyser, daß ich auff ein zeit in meinem Läger in Gedancken gestanden, wie vor mir meine Voreltern und Vorfahren in so hohen Grad und Authoritet gestiegen gewesen, dann ich und meine Nachkommene noch entspringen möchten, und sonderlich daß in aller Monarchey der großmächtige Keyser Alexander Magnus, ein Lucern[231] und Zierd aller Keyser, wie auß den Chronicken zubefinden, grosse Reich-

(231)* Licht, Leuchte.

thumb, viel Königreich und Herrschaften unter sich gebracht, welches mir und meinen Nachkommen wider zu wegen zu bringen schwer fallen wirdt. Demnach ist mein gnediges begern, mir sein Alexanders, und seiner Gemählin Form, Gestalt, Gang, Geberde, wie sie im Leben gewesen, fürzustellen, damit ich spüren möge, daß du ein erfahrner Meister in deiner Kunst seyest. Allergnädigster Herr, sagte Faustus, Eur Keys. May. begern, mit fürstellung der Person Alexandri Magni und seines Gemahls, in Form und Gestalt, wie sie in ihren Lebzeiten gewesen, unterthänigste Folg zu thun, wil ich, so viel ich von meinem Geist vermag, dieselbige sichtbarlich erscheinen lassen. doch sollen Ew. May. wissen, daß ire sterbliche Leiber nicht von den Todten aufferstehen, oder gegenwertig seyn können, welches dann unmüglich ist. Aber die uhralte Geister, welche Alexandrum und sein Gemählin gesehen, die können solche Form unnd Gestalt an sich nemen, und sich darein verwandelen, durch dieselbige wil ich ir May. Alexandrum warhafftig sehen lassen. Darauff Faustus auß deß Keysers Gemach gieng, sich mit seinem Geist zu besprechen, nach diesem gieng er wider zum Keyser hinein, zeigt im an, wie er im hierinnen willfahren wolte, jedoch mit dem geding[232], daß ir Key. May. ihn nichts fragen, noch reden wolten, welches ihm der Keyser zusagte. D. Faustus thete die Thür auff. Bald gieng Keyser Alexander hinein, in aller Form unnd Gestalt, wie er im Leben gesehen, Nemlich, ein wolgesetztes dickes Männlein, rohten oder gleichfalben und dicken Barts, roht Backen, und eines strengen Angesichts, als ob er Basiliscken Augen hett. Er trat hinein in einem gantzen vollkommen Harnisch, zum Keyser Carolo, und neigt sich mit einer tieffen Reverentz. Der Keyser wolt auch uffstehn, und in empfangen, aber D. Faustus wolte im solches nit gestatten. Bald darauff, nach dem sich Alexander wider neiget, und zu der Thür hinauß gieng, gehet gleich sein Gemahl gegen im herein, die thet dem Keyser auch Reverentz. sie gieng in einem gantzen blauen Sammat[233], mit gülden Stücken und

(232)* Bedingung. (233)* Samt.

Perlen gezieret. sie war auch uberauß schön und rohtbakket, wie Milch unnd Blut, lenglicht, und eines runden Angesichts. In dem gedachte der Keyser, nun hab ich zwo Personen gesehen, die ich lang begert habe, und kan nicht wol fehlen, der Geist wirdt sich in solche gestalt verwandelt haben, und mich nit betriegen, gleich wie das Weib den Propheten Samueln erweckt hatt. Und damit der Keyser solchs desto gewisser erfahren möchte, gedachte er bey im, Nun hab ich offt gehört, daß sie hinden im Nacken ein grosse Wartzen gehabt, und gieng hinzu zu besehen, ob solche auch an diesem Bild zu finden, und fandt also die Wartzen, denn sie ihm, wie ein stock still hielte, und hernacher widerumb verschwandt, hiemit ward dem Keyser sein Begeren erfüllt.

34 D. Faustus zauberte einem Ritter ein Hirsch Gewicht[234] auff sein Kopff.

Als Doct. Faustus dem Keyser sein Begeren, wie gemeldt, erfüllet, hat er sich Abendts, nach dem man gen Hof zu Tisch geblasen, auff eine Zinne gelegt, das Hofgesind auß und eingehen zu sehen. Da sihet nun Faustus hinüber in der Ritter Losament[235], einen schlaffendt unter dem Fenster liegen (denn es denselben Tag gar heiß war) die Person aber so entschlaffen, hab ich mit Namen nicht nennen wöllen, denn es ein Ritter und geborner Freyherr war, ob nun wol diese Abentheuer im zum spott gereicht, so halff doch der Geist Mephostophiles seinem Herrn fleissig, und treulich darzu, und zauberte ihm also schlaffendt, unter dem Fenster ligend, ein Hirschgewicht uff den Kopff. Als er nu erwachte, und den Kopff unter dem Fenster neigende, empfandt er die Schalckheit, wem war aber banger dann dem guten Herrn. Dann die Fenster waren verschlossen, und kondte er mit seinem Hirschgewicht weder hindersich, noch für sich, welches der Keyser warname, darüber lacht, und im wol gefallen liesse, biß endtlich D. Faustus ihm die Zauberey widerumb aufflösete.

---

(234)* Geweih. (235)* Wohnung.

35 Wie sich gemeldter Ritter an D. Fausto wider rechen wolte, ihme aber mißlunge.

Doctor Faustus name seinen Abschied wider von Hofe, da ihme beneben der Keyserlichen, unnd anderer mehr Schanckungen, aller guter Willen bewiesen worden, als er nuhn auff anderhalb Meyl wegs gereiset, nimpt er siben Pferdt, in einem Wald haltend, gewahr, die auff in streiffeten. Es war aber der Ritter, dem die Abentheur mit dem Hirschgewicht zu Hof widerfahren war, diese erkannten D. Faustum, darumb eyleten sie mit Spohrenstreichen, unnd auffgezogenen Hanen auff ihn zu. Doctor Faustus nimpt solches wahr, thut sich in ein Höltzlein hinein, unnd rennet baldt widerumb auff sie herauß, alsbaldt nemmen sie acht, daß das gantze Höltzlein[236] voller Geharrnischten Reuter war, auff sie dar rennten, derhalben das Fersen Gelt geben müßten, wurden aber nichts desto weniger auffgehalten und umbringet. derhalben sie D. Faustum umb gnad batten, D. Faustus ließ sie loß unnd verzauberte sie, daß sie alle Geißhörner an den Stirnen hatten, ein Monat lang, die Gäul aber mit Kühhörnern, das war ihr Straff, und wurd also deß Ritters mächtig, mit den verzauberten Reutern.

36 D. Faustus frist einem Bauern ein fuder Häu, sampt dem Wagen und Pferden.

Er kam einmal gen Gotha in ein Stättlein, da er zu thun hatte, als nun die zeit im Junio war, und man allenthalben das Häu einführte, ist er mit etlichen seinen Bekandten spatzieren gangen, am Abend wol bezecht. Als nun D. Faustus, und die im Gesellschafft geleistet, für das Thor kamen, umb den Graben spatzierten, begegnet im ein Wagen mit Häu. D. Faustus aber gieng in den Fahrweg, daß in also der Bauer nothhalben ansprechen muste, er solte im entweichen[237], unnd sich neben dem Fuhrweg

(236)* Wäldchen. (237)* ausweichen.

enthalten. D. Faustus, der bezecht war, antwort im: Nun will ich sehen, ob ich dir oder du mir weichen müssest. Hörstu Bruder, hastu nicht gehört, daß einem vollen Mann, ein Häu Wagen außweichen sol. Der Bauer ward darüber erzürnet, gab dem Fausto viel trötziger wort. Dem D. Faustus widerumb antwortet: Wie Bauer, woltestu mich erst darzu bochen? mach nicht viel Umbstendt, oder ich friß dir den Wagen, das Häu, und die Pferd. Der Bauer sagt darauff, Ey, so friß mein Dreck auch. D. Faustus verblendet in hierauff nicht anderst, denn daß der Bauer meynete, er hette ein Maul so groß als ein Zuber, unnd fraß unnd verschlang am ersten die Pferdt, darnach das Häu und den Wagen. Der Bauer erschracke, und war im angst, eylet bald zum Bürgermeister, berichtet in mit der warheit, wie alles ergangen were. Der Bürgermeister gieng mit ime, lächelte, dieses Geschicht zubesehen. Als sie nun für das Thor kamen, fanden sie deß Bauren Roß und Wagen im Geschirr stehen, wie zuvor, und hatt ihn Faustus nur geblendet.

37 Von dreyen fürnemmen Graffen, so D. Faustus, auff ihr begeren, gen München, auff deß Beyerfürsten Sohns Hochzeit, dieselbige zubesehen, in Lüfften hinführete.

Drey fürnemer Grafen, so aber allhie nicht zunennen seind, und dazumal zu Wittenberg studierten, die kamen auff ein zeit zusammen, redten mit einander von herrlichem Pracht, so auff der Hochzeit zu München, mit deß Beyerfürsten Sohn seyn würde, und wünschten also, daß sie nur ein halbe Stund allda seyn möchten. Under solchem Gesprech fiel dem einen Herrn ein, und sprach zu den andern Grafen: Meine Vettern, so ihr mir wolt folgen, wil ich euch ein guten rath geben, daß wir die Hochzeit sehen können, und dann zu nacht wider allhie zu Wittenberg seyn. Und ist diß mein fürschlag, daß wir zu D. Fausto schicken, ime unser fürhaben eröffnen, ein Verehrung[238] thun, und ansprechen, daß er uns hierinnen verhülflich seyn wolte, er wirdt uns das gewiß nit abschlagen. Dieser meinung wurden sie einig, schickten nach Fausto, hielten ihm solches für, theten im ein Schanckung, und hielten im ein stattlich Pancket[239], darmit er wol zufriden war, und hierinnen zu dienen zusagte. Als nun die zeit vorhanden war, daß deß Fürsten auß Bäyern Sone Hochzeit halten solte, berüffte D. Faustus dise Grafen in sein Hauß, befahl inen, sie solten sich uff das schönest kleyden, mit allem Ornat, so sie hetten. Nimpt hernach einen breiten Mantel, breitet ine in seinen Garten, den er neben seinem Hauß hatte, und setzte die Grafen darauff, unnd er mitten hinein, befilcht inen höchlich, daß keiner, so lang sie aussen seyn würden, kein Wort reden solt, und ob sie schon in deß Hertzogen auß Bäyern Pallast seyn würden, und jemand mit inen reden, oder sie was fragen wolte, sie niemandt kein Antwort geben solten, dem allen verhiessen sie zu gehorsamen. Auff solch versprechen setzte sich D. Faustus nider, hebt seine coniurationes[240] an, bald kompt ein grosser Wind, der bewegt den Mantel empor, führte sie also in Lüfften dahin, daß sie zu rechter zeit gen München in deß Bäyer Fürsten Hof kamen. Sie fuhren aber unsichtbar, daß irer niemandts warname, biß sie kamen ins Bäyerfürsten Hof und Pallast. und das der Marschalck warname, zeigt ers dem Fürsten in Bäyern an, wie alle

(238)* Geschenk. (239)* Bankett. (240)* Beschwörungen.

Fürsten, Graffen und Herrn schon zu Tisch gesetzt weren, draussen aber stünden noch drey Herrn mit einem Diener, die erst kommen waren, sie zu empfahen, das thete nun der alt Fürst, sprach inen zu, sie aber wolten nichts reden, das geschach am Abend, als man zu nacht essen wolt. Dann sie sonsten, durch deß Fausti Kunst den gantzen Tag solchem Pracht der Hochzeit unsichtbar, und ohne alle Hindernuß zugesehen hatten. Als nun, wie gemeldt, inen D. Faustus ernstlich verbotten, den Tag mit niemandt zureden, auch so bald er sprechen würde, wolauff, sie alle zugleich an den Mantel greiffen solten, würden sie augenblicklich widerumb darvon wischen. Wie nun der Hertzog von Beyern mit ihnen redet, und sie ime kein Antwort gaben, reichet man ihnen doch unter dessen das Handwasser, unnd dieweil da der eine Grafe wider das Gebott D. Fausti thun wil, hebt D. Faustus anzuschreyen, Wolauff. bald wischen die zwen Grafen und D. Faustus, so sich an den Mantel gehalten, darvon, der dritt aber, so sich versäumet, wurde auffgefangen, und in ein Gefängnuß geworffen. Die andern zween Graffen kamen also umb Mitternacht widerumb gen Wittemberg, die sich ubel gehuben, wegen ihres andern Vettern, darauff sie D. Faustus vertröstete, ihne auff Morgen frühe zuerledigen[241]. Nun war der gefangene Graf höchlich erschrocken unnd betrübt, daß er also verlassen seyn solte, und darzu in verhafftung geschlossen, unnd mit Hütern verwahrt. da wurde er befragt, was das für ein Gesicht[242] gewest, unnd wer die andern drey weren, so verschwunden seyen. Der Grafe gedacht, verrahte ich sie, so wirdt es einen bösen Außgang gewinnen. Gabe derohalben niemandt kein Antwort, also, daß man diesen Tag nichts auß ime bringen kondte, und ward im letzlich der Bescheid, daß man in Morgen peinlich fragen[243], und wol zu Red bringen wölle. Der Graff gedachte, vielleicht mich D. Faustus heut noch nit erledigt, und ich Morgen gepeinigt und gestreckt werden solte, muß ich nothalben mit der Sprach herauß. Getröstet sich doch immerdar, seine Gesellen würden bey D. Fausto starck umb sein Erledigung

---

(241)* zu befreien. (242)* Erscheinung. (243)* foltern und verhören.

anhalten, wie auch geschahe. Dann ehe der Tag anbrach, war D. Faustus schon bey ihme, verzauberte die Wächter dermassen, daß sie in einen harten Schlaff fielen. Darnach thete er mit seiner Kunst Thür unnd Schlösser auff, brachte also den Grafen zeitlich gen Wittenberg, da dann dem D. Fausto ein stattliche Verehrung presentiert wurde.

38 Wie D. Faustus Gelt von einem Jüden entlehnet, und demselbigen seinen Fuß zu Pfand geben, den er ihm selbsten, in deß Jüden beyseyn, abgesäget.

Man spricht, Ein Unhold unnd Zauberer werden ein Jahr nicht umb drey Heller reicher, das widerfuhr dem Doctori Fausto auch. Die Verheissung war groß mit seinem Geist, aber viel erlogen ding, wie dann der Teuffel ein Lügen Geist ist, Wurffe Doctori Fausto für die Geschicklichkeit, darmit er durch ihnen begabet seye. Darmit solte er sich selbsten zu Reichthumb schicken, dann ihme dardurch kein Gelt zerrinnen würde, so seyen auch seine Jar noch nicht auß, sondern die Versprechung mit ihme erstrecke sich erst auff vier Jahr nach dem Außgang seiner Verheissung, da er mit Gelt und Gut kein Mangel haben würde. Item, er habe auch essen und trincken zubekommen mit seiner Kunst, auß allen Potentaten Höfen, wie obgemeldt, dessen muste ihme D. Faustus dißmal recht geben, und sich ihme nicht widersetzen, gedachte ihme derohalben selbsten nach, wie erfahren er were. Nach solcher Disputation und Erklärung deß Geistes, ist er mit guten Gesellen zu pancketieren gangen. Als er nun nicht bey Gelt war, ist er verursacht worden, bei den Juden Gelt auffzubringen, dem setzte er auch nach, name bey einem Juden sechtzig Thaler auff einen Monat lang. Als nun die zeit verlauffen, und der Jud seines Gelts, sampt dem Interesse[244], gewertig war, D. Faustus aber nicht im Sinn hatte, dem Juden was zubezahlen, kompt der Jud auff solche Zeit zu ihme ins Hauß, thut

(244)* Zinsen.

sein anforderung. D. Faustus spricht zu ihme: Jud, ich hab kein Gelt, unnd weiß auch keins auffzubringen. Darmit du aber der Bezahlung versichert seyest, so wil ich mir ein Gliedt, es seye ein Arm oder Schenckel abschneyden, und dir zum Underpfandt lassen, doch mit dem außtrücklichen Geding, so ferrn ich zu Gelt kommen, unnd dich widerumb bezahlen würde, daß du mir mein Glied widerumb zustellen wöllest. Der Jud, so ohne das ein Christen feind war, gedachte bey sich selbsten, das müste ein verwegener Mann seyn, der seine Glieder für Gelt zu Pfand setzen wolt, war derohalben mit dem Pfand zufrieden. D. Faustus nimpt ein Sägen, und schneidet seinen Fuß damit abe, gibt in dem Juden (Es war aber lauter Verblendung) mit der Condition, so baldt er zu Gelt käme, ihn zubezahlen, daß er ihm sein Schenckel wider zustellen solte. Er wolte im[245] denselben wol wider ansetzen. Der Jud war mit diesem Contract wol zufrieden, zeucht mit dem Schenckel darvon. Als er nun darob verdrossen und müd war, darneben gedacht, was hilfft mich ein Schelmen Bein, trage ich es heym, so wirdt es stinckendt, so ist es auch mißlich wider anzuheylen, und ist dieses ein schwer Pfandt, daß er sich nicht höher verbinden hette können, dann mit seinem eygen Glied, es wirt mir doch nichts mehr darfür. Mit solchen und andern Gedancken (wie dieser Jud hernach selbst bekennt hat) gehet er uber einen Steg, und wirfft den Fuß hinein. Dieses wuste nun D. Faustus gar wol, schickte derohalben D. Faustus uber drey Tag nach dem Juden, er wolte in bezahlen. Der Jud kompt, D. Faustus fragt wa[246] er das Pfandt habe, er solle ihms widerumb zustellen, so wölle er ihn bezalen. Der Jud sagte, dieweils niemand nichts genützt, hette ers hinweg geworffen. D. Faustus aber wolte kurtzumb sein Pfand und Schenckel widerumb haben, oder der Jud solte ime seinen Willen darumb machen. Wolte der Jud seiner loß werden, muste er ihme noch 60 Thaler darzu geben, unnd hatte doch D. Faustus seinen Schenckel noch.

---

(245)* sich. (246)* wo.

39 D. Faustus betreugt einen Roßtäuscher.

Gleicher weiß thete er einem Roßteuscher auff einem Jahrmarckt, dann er richtet ihme selbsten ein schön herrlich Pferd zu, mit demselben ritte er auff einen Jahrmarckt, Pfeiffering genannt, unnd hatt viel Kauffer darumben. letzlich wirdt ers umb 40 Fl.[247] loß, und sagte dem Roßtäuscher zuvor, er solte ihn uber kein Träncke reiten. Der Roßtäuscher wolte sehen, was er doch mit meynete, ritte in ein Schwemme, da verschwand das Pferd, und saß er auff einem Bündel Stro, daß er schier ertruncken were. Der Kauffer wuste noch wol wo sein verkauffer zur Herberg lage, gieng zornig dahin, fand D. Faustum auff einem Betth ligen, schlaffendt unnd schnarchend. der Roßtäuscher name ihne beym Fuß, wolt in herab ziehen, da gieng ihme der Fuß aussem Arß, unnd fiel der Roßtäuscher mit in die Stuben nider. Da fienge Docotor Faustus an Mordio zuschreyen, dem Roßtäuscher war angst, gab die Flucht, und machte sich auß dem Staub, vermeinte nicht anderst, als hette er ihme den Fuß auß dem Arß gerissen, also kam D. Faustus wider zu Gelt.

40 D. Faustus frist ein Fuder Häu.

Doctor Faustus kam in ein Statt, Zwickau genannt, da ihme vil Magistri Gesellschafft leisteten. Als er nun mit ihnen nach dem Nachtessen spatzieren gieng, begegnete ime ein Baur, der fuhrte ein grossen Wagen voll Grummats[248], den sprach er an, was er nemmen wolte, und ihne genug essen lassen. Wurden also einig miteinander, umb ein Creutzer oder Löwenpfenning, dann der Bauer vermeynet, er triebe nuhr sein Gespött mit ihme. D. Faustus hub an so geitzig[249] zu essen, daß alle Umbstehende sein lachen musten, verblendete also den Bauern, daß ihm bang wurde, dann er es schon auff den halben theil hinweg gefressen hatte. Wolte der Bauer zufrieden seyn, daß ihme

(247)* Florin, Gulden. (248)* Heu. (249)* gierig.

das halbe theil vollendt bliebe, muste er dem Fausto seinen Willen machen. als nun der Bauer an sein Ohrt kame, hatt er sein Heu widerumb wie vor.

41 Von einem Hader zwischen 12 Studenten.

Zu Wittenberg, vor seinem Hauß, erhub sich ein Hader mit 7 Studenten, wider 5. das gedauchte D. Faustum ungleich seyn, hebt an, und verblendet allen ihre Gesichter, daß keiner den andern mehr sehen kundt. schlugen also im Zorn blinder weiß ein ander, daß die so zusahen, ein groß Gelächter ab diesem seltzamen Scharmützel hetten, und muste man sie alle zu Hauß führen, so bald jeder in sein Hauß kame, ward er wider sehend.

42 Ein Abentheur mit vollen Bauern.

Docter Faustus zechete in einem Wirtshauß, darinnen viel Tisch voller Bauren sassen, die deß Weins zu viel zu sich genommen hatten, derhalben mit singen und schreyen, ein solch getümmel anhuben, daß keiner sein eigen Wort darvor hören kundte. D. Faustus sagt zu dem, der ihn beruffen hatte, habt acht, ich wil inen das bald wehren. Als nu die Bauern immer je mehr grösser Geschrey und Gesäng machten, verzauberte er sie, daß allen Bauren das Maul auff das aller weitest offen stunde, und es keiner mehr zubringen kundte. Da ward es baldt gar still, sahe ein Baur den andern an, wusten nicht wie inen geschehen war. So baldt aber ein Baur für die Stuben hinauß kame, hatte er sein Sprach widerumb, also daß ihrs bleibens nicht länger allda war.

43 D. Faustus verkauffte 5 Säu, eine umb 6 Fl.

Doctor Faustus fängt wider ein Wucher an, rüstet ihme 5 gemester Schwein zu, die verkaufft er eine umb 6 Fl. doch mit dem Pact, daß der Säutreiber uber kein Wasser mit inen schwemmen solte. D. Faustus zog widerumb heim. Als sich nu die Säu im Kath[250] umbwaltzten oder besudelten, treib sie der Säutreiber in ein Schwemme, da verschwanden sie, unnd schwammen lauter Strohwisch empor. Der Kauffer muste also mit schaden dahin gehen, dann er wuste nit wie das zugangen war, oder wer ime die Schwein zukauffen gegeben hette.

44 Was D. Faustus für Abendtheuer an deß Fürsten zu Anhalt Hof getriben.

Doct. Faustus kame auff ein Zeit zu dem Grafen von Anhalt, so jetzundt Fürsten seind, der ihme allen gnedigen Willen erwiese, das geschach im Jenner. Am Tisch name er wahr, daß die Gräfin groß schwanger war. Als man nuhn das Nachtessen auffgehaben hett, und Specerey aufftruge, Sagt D. Faustus zu der Gräfin: Gnedige Frau, ich hab alle zeit gehört, daß die schwangere Weibsbilder zu mancherley dingen Lust und Begierdt haben. Ich bitt E. Gn. wöllen mir nicht verhalten, warzu sie lust zu essen hette. Sie antwortet ihme: Herr Doctor, ich wils euch warlich nicht verhalten, was ich jetzunder wünschen möchte. Nemlich, daß es im Herbst Zeit were, wolte ich frische Trauben und Obs mir genug essen. D. Faustus sagt darauff, gnedige Frau, das ist mir leichtlich zuwegen zubringen, und in einer halben Stund soll E. G. Lust gebüst werden. Name alsbaldt zwo silberne Schüssel, setzte die fürs Fenster hinauß. Als nun die zeit vorhanden war, grieffe er fürs Fenster hinauß, und langt die Schüsseln widerumb herein, darinnen waren rote und weisse Trauben, deßgleichen in der andern Schüssel Oepffel und Birn, doch frembder und weiter Landsart hero, setzte die der Gräfin für, und sagt, ir Gn. wöllen sich darob nicht entsetzen zu essen, dann sie auß frembder Landsart weit herokommen, der Enden[251] der Sommer sich enden wil. Also aß die Gräfin von allem Obs und Trauben

(250)* Kot. (251)* wo.

mit Lust und grosser Verwunderung. Der Fürst von Anhalt kundte nicht füruber zufragen, wie es ein gestallt unnd gelegenheit mit den Trauben und Obs gehabt. D. Faustus antwortet: Gnediger Herr, E. Gn. sollen wissen, daß das Jahr in zween Circkel[252] der Welt getheilt ist, daß, wann es bey uns jetzt Winter, in Orient unnd Occident Sommer ist, dann der Himmel rund, und jetzunder die Sonne am höchsten gestigen ist, daß wir der zeit die kurtzen Tag und den Winter bey uns haben. In Orient und Occident aber, als in Saba India, unnd recht Morgenland, da steigt die Sonne nider, unnd haben sie daselbsten den Sommer, und im Jahr zweymal Frücht und Obs. Item, es ist bey uns nacht, bey ihnen hebt der Tag an. Dann die Sonne hat sich under die Erden gethan, und ist dessen ein Gleichnuß, das Meer ist unnd läufft höher dann die Welt stehet, wann es nun dem Höchsten nit gehorsam were, kündte es die Welt in einem Augenblick verderben, und steigt jetzunder die Sonne bey inen auff, und gehet bey uns nider. Auff solchen Bericht, Gnediger Herr, hab ich meinen Geist dahin gesandt, der ein fliegender und geschwinder Geist ist, sich in einem Augenblick, wie er wil, verändern kan, der hat diese Trauben und Obs erobert. Solchem hörte der Fürst mit grosser Verwunderung zu.

44a Von einer andern Abentheuer, so auch diesem Grafen zu gefallen durch D. Faustum geschehen, da er ein ansehenlich Schloß auff ein Höhe gezaubert.

Ehe D. Faustus urlaub name, bate er den Grafen, er wolte mit ime für das Thor hinauß gehen, da er ihne ein Castell oder Schloß wolt sehen lassen, so er diese Nacht auff sein Gut und Herrschafft gebauet. Dessen sich der Grafe sehr verwunderte, gehet also mit D. Fausto, sampt seiner Gemählin unnd dem Frauen Zimmer hinauß für das Thor.

(252)* Kreise.

da er auff einem Berg, der Rohmbühel genannt, nit weit von der Statt gelegen, ein wolerbautes Hauß und Castell sahe, das D. Faustus gezaubert hatte, bate derohalben den Grafen und sein Gemählin, daß sie sich vollend dahin verfügen, und bey ime zu Morgen essen wolten, welches ime der Graf nicht abschlug. Diß Schloß war mit Zauberey also formiert, daß rings herumb ein tieffer Wassergraben gienge, darinnen allerley Visch zusehen waren, und mancherley Wasservögel, als Schwanen, Enten, Reyger[253] und dergleichen, welches alles lustig anzusehen. In disen graben stunden fünff Steinern Thürn, und zwey Thor, auch ein weitter Hof, darinn allerley Thier gezaubert waren, sonderlich die, so in Teutschland nicht viel zusehen, Als Affen, Bern, Büffel, Gembsen und dergleichen frembder Thier. Sonsten waren wolbekannte Thier auch darbey, Als Hirschen, wilde Schwein, Reh, auch allerley Vögel, so man je erdencken mag, die von einem Baum zum andern hüpfften und flogen. Nach solchem allem setzte er seine Gäste zu Tisch, reichete inen ein herrlich und Königlich mal, mit Essen und allerley Geträncke, so man erdencken mögen. Setzt jedes mal neun Trachten[254] zugleich auff, das muste sein famulus[255], der Wagner, thun, der es vom Geist unsichtbar empfienge, von allerley Kosten, von Wild, Vögeln, Vischen unnd anderm. Von heymischen Thieren (wie es dann D. Faustus alles erzehlete) setzte er auff, von Ochsen, Büffeln, Böcken, Rindern, Kälbern, Hämeln, Lämmern, Schafen, Schweinen, etc. Von wilden Thiern gab er zu essen, Gembsen, Hasen, Hirschen, Reh, Wild, etc. Von Vischen gab er Aäl, Barben, Bersing, Bickling, Bolchen, Aschen, Forell, Hecht, Karpffen, Krebs, Moschel, Neunaugen, Platteissen, Salmen, Schleyen und dergleichen. Von Vögeln ließ er aufftragen, Capaunen, Dauch Enten, Wildenten, Tauben, Phasanen, Auhrhanen, Indianisch Göckel[256], und sonst Hüner, Rebhüner, Haselhüner, Lerchen, Crammetsvögel, Pfauen, Reiger, Schwanen, Straussen, Trappen, Wachteln, etc. Von Weinen waren da, Niderländer, Burgunder, Brabänder, Coblent-

(253)* Reiher. (254)* Gänge. (255)* Diener. (256)* Truthähne.

zer, Crabatischer[257], Elsässer, Engelländer, Frantzösische, Rheinische, Spanische, Holänder, Lützelburger[258], Ungerischer, Osterreicher, Windische, Wirtzburger oder Francken Wein, Rheinfall und Malvasier, in summa von allerley Wein, daß bey hundert Kanten[259] da herumb stunden. Solch herrlich Malhzeit nam der Grafe mit Gnaden an, zog nach dem essen wider gen Hof, und dauchte sie nit, daß sie etwas gessen oder getruncken solten haben, so öd[260] waren sie. Als sie nu wider gen Hof kamen, da giengen auß gemeldts[261] Doct. Fausti Schloß grausame Büchsenschüß, und branne das Feuer im Sloß in alle höhe, biß es gantz verschwande, das sie alles wol sehen kundten. Da kam D. Faustus wider zum Grafen, der in hernach mit etlich hundert Thalern verehrt, und widerumb fortziehen liesse.

45 Wie D. Faustus mit seiner Bursch in deß Bischoffen von Saltzburg Keller gefaren.

Nach dem D. Faustus widerumb vom Grafen Abschied, und gen Wittenberg kame, ruckete die Faßnacht herbey. D. Faustus war der Bacchus, beruffte zu ihm etliche Studenten, und nach dem sie von im D. Fausto wol

(257)* kroatischer. (258)* Luxemburger. (259)* Kannen. (260)* hungrig. (261)* erwähntem.

gespeiset worden, und sie den Bacchum gern vollend celebrieren wolten, uberredet sie D. Faustus, sie solten mit im in einen Keller fahren, und allda die herrliche Trüncke, so er inen reichen und geben würde, versuchen. dessen sie sich leichtlich bereden liessen, darauff D. Faustus in seinem Garten ein Leiter name, und jeglichen auff ein Sprossen setzte, und mit inen darvon fuhre, daß sie noch dieselbige Nacht in deß Bischoffs von Saltzburg Keller kamen, da sie allerley Wein kosteten, und nur den besten trancken. Wie dann dieser Bischoff ein herrlichen Weinwachs hat. Als sie nu samptlich guts muths im Keller waren, und D. Faustus ein Feurstein mit sich gnommen hette, damit sie alle Fesser sehen könnten, kame deß Bischoffs Keller[262] ungefehr daher, der sie für dieb, so eingebrochen hetten, außschreyen thet. Das verdroß D. Faustum, mante sein Gesellen auffzusein[263], nam den Keller beym Haar, fuhr mit ihm darvon, und als sie zu einer grossen hohen Tannen kamen, setzte er den Keller, so in grossen ängsten und schrecken war, darauff, und kam also D. Faustus mit seiner Bursch wider zu Hauß, da sie erst das Valete[264] miteinander hielten mit dem Wein, so er, D. Faustus, in grosse Fläschen gefüllet hatte in deß Bischoffs Keller. Der Kellner aber, so sich die gantze nacht auff dem Baum halten müssen, daß er nicht herab fiel, und schier erfroren war, als er sahe, daß es war Tag worden, die Tannen aber so hoch, daß es ime unmüglich herab zusteigen, dieweil er keinen Ast hatte, weder oben noch unden, Ruffte er etlichen Baurn zu, so füruber fuhren, zeiget inen an, wie es ihme ergangen were, und bate, daß sie ime herunder helffen wolten. Die Baurn verwunderten sich, zeigten es zu Saltzburg am Hof an, da war ein groß zulauffen. unnd er mit grosser Mühe und Arbeit mit Stricken herab gebracht. Noch konnte der Keller nicht wissen, wer die gewesen, so er im Keller funden, noch der, so ihn auff den Baum geführet hatte.

(262)* Kellermeister. (263)* aufmerksam zu sein. (264)* Abschied.

46 Von der andern Faßnacht am Dinstage.

Diese siben Studenten, darunter vier Magistri waren in Theologia, Iurisprudentia und Medicina studierend, als sie die Herren Faßnacht celebriert[265] hatten in D. Fausti Behausung, waren sie am Dinstag der Faßnacht wider beruffen (dann sie wolbekannte unnd angeneme liebe Gäst deß Fausti waren) zum Nachtessen, unnd als sie erstlich mit Hünern, visch und Bratens, doch schmal gnug tractiert worden, tröstete D. Faustus seine Gäst solcher gestalt: Liebe Herrn, ihr sehet hie meine geringe Tractation[266], damit solt ir für gut nemmen, es wirt zum Schlaff Trunck besser werden. Nun wisset ir, daß in vielen Potentaten Höfen die Faßnacht mit köstlichen Speisen und Geträncken gehalten wirdt, dessen solt ihr auch theilhafftig werden, und ist diß die Ursach, daß ich euch mit so geringer Speiß und tranck tractiere, und ir kaum den Hunger gebüsset, daß ich drey Fläschen, eine fünff, die ander acht, und widerumb eine acht Maß haltend, vor zwo stunden in meinen Garten gesetzt habe, und meinem Geist befohlen, einen Ungerischen, Italianischen und Hispanischen Wein zuholen. Deßgleichen hab ich fünffzehen Schüssel nacheinander auch in meinen Garten gesetzt, die allbereit mit allerley Speiß versehen seind, die ich widerumb warm machen muß, unnd solt mir glauben, daß es keine Verblendung seye, da ihr meynet ihr esset, und seye doch nicht natürlich. Als er nuhn seine Rede zum Ende geführet, befilcht er seinem famulo, dem Wagner, ein neuen Tisch zubereiten, das thete er, und truge hernach füffmal Speiß auff, alle mal drey Trachten auff einmal, die waren von allerley Wildbret, Bachens[267] und dergleichen. Zum Tischwein brachte er Welschwein, Ehrwein[268], Ungerischen und Hispanischen. unnd als sie nun alle Voll und Doll waren, jedoch noch viel Speiß uberbliebe, fiengen sie letzlich an zusingen unnd zuspringen, unnd giengen erst

(265)* gefeiert. (266)* Speiseangebot. (267)* Gebackenem. (268)* Ahrwein.

gegen Tag zu Hauß. Morgens aber wurden sie auff die rechte Faßnacht beruffen.

47 Am Aschermitwochen der rechten Faßnacht.

Am Aschermittwochen der rechten Faßnacht, kamen die Studenten als beruffen[269] Gäste, widerumb in D. Fausti Hauß, da er inen ein herrlich Mahl gab, und sie tapffer sangen, sprangen, und alle Kurtzweil trieben. Als nu die hohe Gläser und Becher herumb giengen, hebt D. Faustus sein Gauckelspiel an, also daß sie in der Stuben allerley Seitenspiel hörten, und doch nit wissen kundten, woher es kame. Dann so bald ein Instrument auffhörete, kam ein anders, da ein Orgel, dort ein Positiff[270], Lauten, Geigen, Cythern, Harpffen, Krumbhörner, Posaunen, Schwegel, Zwerchpfeiffen, in Summa allerley Instrumenta waren vorhanden, in dem huben die Gläser und Becher anzuhüpffen. Darnach name D. Faustus einen Hafen[271] oder zehen, stellete die mitten in die Stuben, die huben alle an zutantzen, und an einander zustossen, daß sie sich alle zertrümmerten, und undereinander zerschmetterten, welches ein groß Gelächter am Tisch gabe. Bald hebt er ein ander kurtzweil an. Dann er ließ einen Göcker[272] im Hof fangen, den stellt er auff den Tisch. Als er im nun zutrincken gab, hube er natürlich an zupfeiffen. Darnach hub er ein ander Kurtzweil an, setzte ein Instrument auff den Tisch, da kam ein alter Aff in die Stuben, der machte viel schöner Täntze darauff. Als er nun solche Kurtzweil triebe, biß in die Nacht hinein, bat er die Studenten, sie wolten bey ihme bleiben, und mit ihme zu Nacht essen, er wolte ihnen ein essen Vögel geben, hernach mit ihnen in der Mummerey gehen, welches sie ihme auch leichtlich bewilligten. Da name D. Faustus ein stangen, reckte die für das Fenster hinauß, alsbald kamen allerley Vögel daher

(269)* eingeladene. (270)* kleine Standorgel. (271)* Schüssel, Topf. (272)* Hahn.

geflogen, und welche auff die stangen sassen, die musten bleiben. da er nun ein guten theil der Vögel gefangen hette, halffen die Studenten ime dieselbigen würgen und ropffen. Das waren Lerchen, Krammatsvögel, und vier Wildenten. als sie nun abermals tapffer gezecht, seind sie miteinander in die Mummerey gangen. D. Faustus befahle, daß ein jeder ein weiß Hembd anziehen solte, und in alsdann machen lassen. Solches geschah. Als nun die Studenten einander ansahen, gedäuchte einen jeglichen, er hette keinen Kopf, giengen also in etliche Häuser, darob die Leut sehr erschracken. Als nun die Herrn, bey welchen sie das Küchlein geholet, zu Tisch gesetzt, da hatten sie iren schein[273] widerumb, und kennete man sie darauff alsbald. Baldt darnach verenderten sie sich widerumb, und hatten natürliche Eselsköpff und Oren. das triben sie biß in die mitternacht hinein, und zogen alsdann ein jeder wider in sein Hauß, machten auff diesen Tag ein end an der Faßnacht, und giengen schlaffen.

48 Von der vierten Faßnacht am Donnerstag.

Die letzten Bacchanalia waren am Donnerstag, daran ein grosser Schne war gefallen. D. Faustus war zu den studiosis beruffen, die ihme ein stattliche Malzeit hielten, da er sein Abentheur wider anfieng, und zauberte 13 Affen in die stuben, die gauckelten so wunderbarlich, daß dergleichen nie gesehen worden, dann sie sprangen auff einander, wie man sonst die Affen abricht, so namen sie auch ein ander in die füß, tantzten einen gantzen Reyen umb den Tisch herumb, darnach zum Fenster hinauß und verschwanden. Sie satzten dem Fausto ein gebraten Kalbskopff für, als ihn nun der Studenten einer erlegen[274] wolt, fieng der Kalbskopff an Menschlich zuschreyen, Mordio, helffio, O weh, was zeuhest[275] du mich, daß sie darob erschracken, und dann wider anfiengen zu lachen. verzehrten also den

(273)* Aussehen. (274)* zerlegen, aufschneiden. (275)* ziehst.

Kalbskopff, und gieng D. Faustus noch zeitlich am Tage zu Hauß, mit versprechung wider zu erscheinen. Bald rüstete er im mit Zauberey ein Schlitten zu, der hatt ein gestalt wie ein Drach, auff dem Haupt saß er D. Faustus, und mitten innen die Studenten. So waren 4 verzauberte Affen auff dem schwantz die gauckelten auff einander gantz lustig, der ein bließ auff der Schalmeyen, und lieff der Schlitten von im selbsten, wohin sie wolten. das werete biß in die Mittnacht hinein, mit solchem Klappern, daß keiner den andern hören kundte, und gedauchte die Studenten, sie hetten im Lufft gewandelt.

49 Am weissen Sonntag von der bezauberten Helena.

Am weissen Sonntag kamen offtgemeldte Studenten unversehens wider in D. Fausti behausung zum Nachtessen, brachten ihr Essen und Tranck mit sich, welche angeneme Gäst waren. Als nu der Wein eingienge, wurde am Tisch von schönen Weibsbildern geredt, da einer under inen anfieng, daß er kein Weibsbildt lieber sehen wolte, dann die schöne Helenam auß Græcia, derowegen die schöne Statt Troia zu grund gangen were. Sie müste schön gewest seyn, dieweil sie irem Mann geraubet worden, und entgegen solche Empörung entstanden were. D. Faustus antwurt, dieweil ihr dann so begirig seidt, die schöne gestalt der Königin Helenæ, Menelai Haußfrau, oder Tochter Tyndari und Lædæ, Castoris und Pollucis Schwester (welche die schönste in Græcia gewesen seyn solle) zusehen, wil ich euch dieselbige fürstellen, damit ihr Persönlich iren Geist in form und gestalt, wie sie im Leben gewesen, sehen sollet, dergleichen ich auch Keyser Carolo Quinto auff sein begeren, mit fürstellung Keysers Alexandri Magni und seiner Gemählin, willfahrt habe. Darauff verbote D. Faustus, daß keiner nichts reden solte, noch vom Tisch auffstehen, oder sie zuempfahen anmassen, und gehet zur Stuben hinauß. Als er wider hinein gehet, folgete im die Königin Helena auff dem Fuß nach, so wunder schön, daß die Studenten nit wusten, ob sie bey ihnen selbsten weren oder nit, so verwirrt und innbrünstig waren sie. Diese Helena erschiene in einem köstlichen schwartzen Purpurkleid, ir Haar hatt sie herab hangen, das schön, herrlich als Goldfarb schiene, auch so lang, daß es ir biß in die Kniebiegen hinab gienge, mit schönen Kollschwartzen Augen, ein lieblich Angesicht, mit einem runden Köpfflein, ire Lefftzen[276] rot wie Kirschen, mit einem kleinen Mündlein, einen Halß wie ein weisser Schwan, rote Bäcklin wie ein Rößlin, ein uberauß schön gleissend Angesicht, ein länglichte auffgerichte gerade Person. In summa, es war an ir kein untädlin zufinden, sie sahe sich allenthalben in der Stuben umb, mit gar frechem und bübischem Gesicht, daß die Studenten gegen ir in Liebe entzündet waren. weil sie es aber für einen Geist achteten, vergienge ihnen solche Brunst leichtlich, und gienge also Helena mit D. Fausto widerumb zur Stuben hinauß. Als die Studenten solches alles gesehen, baten sie D. Faustum, er solte ihnen so viel zugefallen thun, unnd Morgen widerumb fürstellen, so wolten sie einen Mahler mit sich bringen, der solte sie abconterfeyten, Welches ihnen aber D. Faustus abschlug, und sagte, daß er ihren Geist nicht allezeit erwecken könnte. Er wolte ihnen aber ein Conterfey darvon zukommen lassen, welches sie die Studenten abreissen[277] möchten lassen, welches dann auch geschahe, und die Maler hernacher weit hin und wider schickten, dann es war ein sehr herrlich gestalt eins Weibsbilds. Wer aber solches Gemäld dem Fausto abgerissen, hat man nicht erfahren können. Die Studenten aber, als sie zu Betth kommen, haben sie vor der Gestalt und Form, so sie sichtbarlich gesehen, nicht schlaffen können, hierauß dann zusehen ist, daß der Teuffel offt die Menschen in Lieb entzündt und verblendt, daß man ins Huren Leben geräth, und hernacher nit leichtlich widerumb herauß zubringen ist.

---

(276)* Lippen. (277)* abzeichnen.

50 Von einer Gesticulation[278], da einem Baurn vier Räder vom Wagen in die Lufft hingesprungen.

Doct. Faustus ward gen Braunschweig in die Statt, zu einem Marschalck, der die Schwindsucht hatte, ihme zu helffen, beruffen und erfordert. Nun hatt aber D. Faustus disen gebrauch, daß er nimmer weder ritte, noch fuhre, sondern war zugehen gericht, wohin er beruffen wurde. Als er nun nahe zu der Statt kame, und die Statt vor ihm sahe, begegnet im ein Baur mit vier Pferden, und einem leeren Wagen. Disen Baurn sprach D. Faustus gütlich an, daß er in auffsitzen lassen, und vollends biß zu dem Statt Thor führen wolte, welches im aber der Dölpel wegerte und abschluge, sagende, Er würde one das genug herauß zuführen haben. D. Fausto ward solch begeren nicht Ernst gewest, sondern hatte den Bauren nur probieren wöllen, ob auch ein Gütigkeit bey ihme zufinden were. Aber solche Untreu, deren viel bey den Bauren ist, bezahlte D. Faustus wider mit gleicher Müntze, und sprach zu ihme: Du Dölpel unnd nichtswerdiger Unflat, dieweil du solche Untreu mir beweisest, dergleichen du gewiß auch andern thun, und schon gethan haben wirst, soll dir darfür gelohnet werden, und solt deine vier Räder, bey jeglichem Thor eins finden. Drauff sprangen die Räder in die Lufft hinweg, daß sich ein jeglichs Rad bey einem sondern Thor hat finden lassen, doch sonsten one jemands wahrnemmen. Es fielen auch deß Bauren Pferd darnider, als ob sie sich nicht mehr regten. Darob der Bauer sehr erschracke, masse ihme solches für ein sondere Straff GOTTES zu, der Undanckbarkeit halb, auch gantz bekümmert unnd weynet[279], bate er dem Faustum mit auffgereckten Händen, und neigung der Knie unnd Bein, umb Verzeihung, und bekannte, daß er solcher Straff wol wirdig were. Es solte ihm auff ein andermal ein erinnerung seyn, solcher Undanckbarkeit nit mehr zugebrauchen, Daruber Faustum die Demuth erbarmete, im antwortete: Er solts keinem

---

(278)* Zauberkunststück. (279)* weinerlich.

andern mehr thun, dann kein schändtlicher ding were, als Untreu und Undanckbarkeit, darzu der stoltz so mit underläufft. So solt er nu hie Erdtrich nemmen, und auff die Gäul werffen, darvon würden sie sich widerumb auffrichten, unnd zur fristung[280] kommen, welches auch geschahe. Darnach sagt er dem Baurn, dein untreu kan nit gar ungestrafft abgehen, sondern muß mit gleicher Maß bezahlt werden, dieweil es dich ein so grosse Müh gedaucht hat, einen nur auff ein lähren Wagen zusetzen, So sihe deine vier Räder seind vor der Statt bey vier Thoren, da du sie finden wirst. Der Baur gienge hin und fands, wie D. Faustus ime gesagt hatte, mit grosser Mühe, Arbeit unnd Versaumung seines Geschäffts, das er verrichten solte, also traff Untreu ihren eygen Herrn.

51 Von 4 Zauberern, so einander die Köpff abgehauen, und widerumb auffgesetzt hatten, darbey auch D. Faustus das sein thet.

Doctor Faustus kam in der Fasten gen Franckfurt in die Meß, den berichtete sein Geist Mephostophiles, wie in einem Wirtshauß bey der Judengassen vier Zauberer weren, die einander die Köpff abhieben, und zum Barbie-

(280)* Rettung.

rer schickten, sie zu barbieren, da viel Leut zu sahen. Das verdroß den Faustum, vermeynendt, er were allein deß Teuffels Han im Korb, gienge dahin, solches auch zubesehen. Da sie, die Zauberer schon beysammen waren, die Köpffe abzuhauen, bey ihnen war der Barbierer, der solte sie butzen und zwagen[281]. Auff dem Tisch aber hatten sie ein Glaß Hafen, mit distilliertem Wasser. Da einer under ihnen der fürnembste Zauberer war, der war ihr Nachrichter, der zauberte dem ersten ein Lilien in den Hafen, die grünete daher, und nannte sie Wurtzel deß Lebens, darauff richtet er den ersten, ließ den Kopff barbieren, und satzte ihme hernach denselben wider auff, alsbald verschwande die Lilien, unnd hatte er seinen Kopff wider gantz, das thet er auch dem andern unnd dritten gleicher gestalt, so ihre Lilien im Wasser hatten, darauff die Köpffe barbiert unnd ihnen wider auffgesetzet wurden. Als es nun am öbersten Zauberer unnd Nachrichter[282] war, unnd seine Lilien im Wasser auch daher blühete, unnd grünete, wurde ihm der Kopff abgeschmissen, unnd da es an dem war daß man ihn zwagete unnd barbierte in Fausti Gegenwertigkeit, den solche Büberey in die Augen stach und verdroß, den Hochmuth deß Principal Zauberers, wie er so frech mit Gottslästern und lachendem Mund im ließ den Kopff herab hauen. Da geht D. Faustus zum Tisch, da der Hafen unnd Lilien stunden, nimbt ein Messer, hauet auff die Blumen dar, und schlitzet den Blumenstengel voneinander, dessen niemandt gewahr worden. Als nun die Zauberer den Schaden sahen, ward ire Kunst zu nicht, und kundten irem Gesellen den Kopff nicht mehr ansetzen. Muste also der böß Mensch in Sünden sterben und verderben, wie dann der Teuffel allen seinen Dienern letztlich solchen Lohn gibt, und sie also abfertigt. Der Zauberer aber keiner wuste, wie es mit dem geschlitzten Stengel wer zugangen, meyneten auch nit, daß es D. Faustus gethan hette.

(281)* waschen. (282)* Henker.

52 Von einem alten Mann, so D. Faustum von seinem Gottlosen Leben abgemahnt und bekehren wöllen, auch was Undanck er darüber empfangen.

Ein Christlicher frommer Gottsförchtiger Artzt, und Liebhaber der H. Schrifft, auch ein Nachbaur deß D. Fausti, Als er sahe, daß viel Studenten iren Auß und Eingang, als ein schlüpffwinckel, darinnen der Teuffel mit seinem Anhang, und nit Gott mit seinen lieben Engeln wohneten, bey dem Fausto hetten, Name er ime für, D. Faustum von seim Teuffelischen Gottlosen wesen und fürnemmen abzumahnen. Beruffte in derwegen auß einem Christlichen Eyfer in seine Behausung. Faustus erschiene im, under dieser Mahlzeit redte der Alte Faustum also an: Mein lieber Herr und Nachbaur, Ich habe zu euch ein freundtliche Christliche Bitt, ihr wöllet mein eyferig fürtragen nicht in argem unnd ungutem auff unnd annemmen, Darneben auch die geringe Malzeit nicht verachten, sondern gutwillig, wie es der liebe Gott bescheret, damit für gut nemmen. D. Faustus bahte darauff, er solte im sein fürhaben erklären, er wolte im gefälligen Gehorsam leysten. Da fienge der Patron an Mein lieber Herr unnd Nachbaur, ihr wisset euer Fürnemmen, daß ihr Gott und allen Heyligen abgesagt, und euch dem Teuffel ergeben habt, damit ihr in den größten zorn und Ungnad Gottes gefallen, und auß einem Christen ein rechter Ketzer und Teuffel worden seyt, Ach, was zeiht ihr euer Seel? Es ist umb den Leib allein nit zu thun, sondern auch umb die Seel, so ruhet ir in der ewigen Pein und Ungnad Gottes, wolan mein Herr, es ist noch nichts versaumpt, wenn ir allein wider umbkehret, bey Gott umb Gnad und verzeihung ansuchet, wie ir sehet das Exempel in der Apostelgeschicht am 8. Cap. von Simone in Samaria, der auch viel Volcks verführet hette, denn man hat in sonderlich für ein Gott gehalten, und in die Krafft Gottes, oder Simon Deus sanctus[283] genennt, diser war aber hernach auch bekehret. als er die Predigt

(283)* Simon, heiliger Gott.

S. Philippi gehört, ließ er sich täuffen, gläubt an unsern Herrn Jesum Christum, und hielt sich hernacher vil bey Philippo, diß wirt in der Apostelgeschicht sonderlich gerümpt. also mein Herr, laßt euch mein Predigt auch gefallen, und ein hertzliche Christliche Erinnerung seyn. Nun ist die Buß, Gnad und verzeihung zusuchen, dessen ihr viel schöner Exempel habt, als an dem Schächer, Item, an S. Petro, Mattheo und Magdalena, ja zu allen Sündern spricht Christus der Herr: Kompt her zu mir alle die ir mühselig und beladen seyt, ich will euch erquicken. Und im Propheten Ezechiel: Ich beger nicht den todt deß Sünders, sonder daß er sich bekehr und lebe, denn sein Hand ist nit verkürtzt, daß er nit mehr helffen könnte. Solchen fürtrag bitte ich, mein Herr, laßt euch zu Hertzen gehen, und bittet Gott umb Verzeihung umb Christi willen, stehet darneben von euerm bösen fürnemmen ab, dann die Zauberey ist wider die Gebott Gottes, seitenmal ers beydes im Alten und Neuen Testament schwerlich verbeut[284], da er spricht: Man solle sie nicht leben lassen, man solle sich zu ihnen nicht halten, noch Gemeinschafft mit ihnen haben, Dann es seye ein Greuel vor Gott. Also nennt S. Paulus den Bar Jehu oder Elimas den Zauberer ein Kind deß Teuffels, ein Feind aller Gerechtigkeit, und daß sie auch keinen theil an dem Reich Gottes haben sollen. Doc. Faustus hörte im fleissig zu, und sagte daß ihm die Lehr wolgefiele, und bedanckt sich dessen gegen dem Alten seines wolmeinens halber, und gelobte solchem, so viel ihme müglich were, nachzukommen, damit name er seinen Abschied. Als er nun zum Hauß kame, gedacht er diser Lehr und vermahnung fleissig nach, und betrachtete, was er doch sich und sein Seel geziehen, daß er sich dem leidigen Teuffel also ergeben hette. Er wolte Buß thun, unnd sein versprechen dem Teuffel wider auffsagen. In solchen Gedancken erscheinet im sein Geist, tappet nach im, als ob er ihme den Kopff herumb drehen wolte, und warff im für, was ihn dahin bewogen hette, daß er sich dem Teuffel ergeben, nemlich sein frecher Mutwillen. Zu dem habe er sich

(284)* verbietet.

versprochen, Gott und allen Menschen feind zuseyn, diesem versprechen komme er nu nit nach, wölle dem alten Lauren folgen, einen Menschen und Gott zu huld nemmen, da es schon zuspat, und er deß Teuffels seye, der ihn zuholen gut macht habe, wie er dann jetzunder befelch, und deßhalben allda seye, daß er ime den garauß machen soll, oder aber, er solle sich alsbald nider setzen, und sich widerumb von neuem verschreiben mit seinem Blut, und versprechen, daß er sich keinen Menschen mehr wöll abmanen und verführen lassen, und dessen soll er sich nun baldt erkleren, ob er es thun wölle oder nicht. Wo nit, wölle er in zu stücken zerreissen. D. Faustus gantz erschrocken, bewilligt im widerumb auffs neue, setzt sich nider, und schreibt mit seinem Blut, wie folgt, welches schreiben denn, nach seinem Todt, hinder im gefunden worden.

53 D. Fausti zweyte Verschreibung, so er seinem Geist ubergeben hat.

Ich D. Faustus bekenne mit meiner eygen Handt und Blut, daß ich diß mein erst Instrument unnd Verschreibung biß in die 17. jar, steiff und fest gehalten habe, Gott und allen Menschen feindt gewest, hiemit setz ich hindan Leib und Seel, und ubergib diß dem mächtigen Gott Lucifero, daß so auch das 7. jar nach Dato diß verloffen ist, er mit mir zu schalten und zu walten habe. Neben dem so verspricht er mir mein Leben zu kürtzen oder zulängern, es sey im Tod oder in der Hell, auch mich keiner Pein theilhafftig zumachen. Hierauff versprich ich mich wider, daß ich keinem Menschen mehr, es seye mit vermahnen, lehren, abrichten, unterweisen und dräuungen, es sey im Wort Gottes, weltlichen oder Geistlichen Sachen, und sonderlich keinem Geistlichen Lehrer gehorchen, noch seiner Lehr nachkommen wil, Alles getreulich und kräfftig zu halten, laut dieser meiner Verschreibung, welche ich zu mehrer[285]

285)* besserer.

bekräfftigung mit meinem eygen Blut geschrieben hab, Datum Wittenberg, etc.

Auff solche verdammliche und Gottlose verschreibung, ist er dem guten alten Mann so feind worden, daß er ihm nach Leib und Leben stellete, aber sein Christlich Gebett und Wandel, hat dem bösen Feindt ein solchen stoß gethan, daß er im nit hat beykommen mögen. Denn gleich uber 2 tag hernach, als der fromm Mann zu Bett gienge, hörete er im Hauß ein groß Gerömpel, welchs er zuvor nie gehört hette, das kömpt zu ihm in die Kammer hinein, kürrete[286] wie ein Sau, das triebe es lang. Darauff fieng der alt Mann an deß Geists zu spotten, und sagt: O wol ein Bäurisch Musica ist das, Ey wol ein schön Gesang von einem Gespenst, wie ein schön Lobgesang von einem Engel, der nit zwen tag im Paradeyß hat können bleiben, vexiert sich erst in ander Leut Häuser, und hat in seiner Wonung nit bleiben können. Mit solchem Gespött hatte er den Geist vertrieben. D. Faust fragte in, wie er mit dem Alten umbgangen were? Gabe im der Geist zu Antwort, er hette ihme nicht beykommen können, dann er geharrnischt gewest seye, das Gebett meynende. So hette er seiner noch darzu gespottet, welches die Geister oder Teuffel nit leyden können, sonderlich wann man ihnen ihrn Fall fürwirfft. Also beschützet GOTT alle fromme Christen, so sich GOTT ergeben unnd befehlen wider den bösen Geist.

54 Von zwo Personen, so D. Faustus zusamen kuppelt, in seinem 17. verloffenen Jahre.

Zu Wittenberg war ein studiosus, ein statlicher vom Adel, N.N. genannt, der hatte sein Herz und Augen zu einer, die auch eines guten Adelichen Geschlechts, unnd ein uberauß schön Weibsbildt war, gewandt. Die hatte viel, und under denselbigen auch ein jungen Freyherrn zum Werber, denen

---

(286)* grunzte.

allen aber schlug sies ab, unnd hette sonderlich obgedachter Edelmann under disen allen den wenigsten Platz bey ihr. Derselbige hette zum Fausto gute Kundschafft, hatt auch offt in seinem Hauß mit ime gessen und getruncken, diesen fechtet die Lieb gegen der vom Adel so sehr an, daß er am Leib abname, unnd darüber in ein Kranckheit fiele. Dessen D. Faustus in Erfahrung kame, daß dieser vom Adel so schwerlich kranck lege, fragte derwegen seinen Geist Mephostophilem, was im doch were? Der ime alle gelegenheit und Ursach anzeigte. Darauff D. Faustus den Nobilem[287] heimsuchte, ihme alle gelegenheit seiner Kranckheit eröffnete, der sich darüber verwunderte. D. Faustus tröst in, er solte sich so sehr nit bekümmern, er wolte ihme behülfflich seyn, daß dieses Weibsbildt keinem andern, denn im zum theil werden müßte, wie auch geschach. Dann D. Faustus verwirrte der Jungfrauen Hertz so gar mit seiner Zauberey, daß sie keins andern Manns noch jungen Gesellens mehr achtete (da sie doch stattliche und reiche vom Adel zu Werbern hatte) bald darnach befilcht er diesem Edelmann, er solt sich stattlich bekleiden, so wölle er mit ihm zur Jungfrauen gehen, die in einem Garten bey andern Jungfrauen sässe. da man einen Tantz anfangen würde, mit der solte er tantzen, und gibt im ein Ring, den solte er an seinen Finger stecken, wann er mit ir tantzte, so bald er sie alsdenn mit dem Finger berühret, würde sie ihr Hertz zu im wenden, und sonsten zu keinem andern. Er solte sie aber umb die Ehe nicht ansprechen, dann sie würde in selbst darumb anreden. Nimpt darauff ein distilliert Wasser, und zwaget den Edelmann darmit, welcher als baldt ein uberauß schön Angesicht darvon bekame, gehen also mit einander in den Garten. Der Edelmann thete wie im D. Faustus befohlen hatte, tantzet mit der Jungfrauen, und rühret sie an, die von der Stund an ir Hertz und Lieb zu ihm wandte. die gute Jungfrau war mit Cupidinis Pfeilen durchschossen, dann sie hatte die gantze Nacht kein Ruhe im Bett, so offt gedacht

(287)* Edelmann.

sie an in. Bald Morgens beschickte sie in, öffnet im Hertz und Lieb, und begerte seiner zur Ehe, der ir auß inbrünstiger Liebe solches darschluge, und bald mit einander Hochzeit hetten, auch dem D. Fausto eine gute Verehrung darvon wurde.

55 Von mannicherley Gewächß, so Faustus im Winter, umb den Christag in seinem Garten hatte, in seinem 19. Jar.

Im December, umb den Christag, war vil Frauenzimmers gen Wittenberg kommen, als etlicher vom Adel kinder zu ihren Geschwisterten, so da studierten, sie heimzusuchen, welche gute Kundtschafft zu D. Fausto hetten, unnd er etlich mal zu ihnen beruffen worden. Solches zuvergelten, beruffte er diß Frauenzimmer und Junckern zu ime in sein Behausung zu einer Underzech[288]. Als sie nun erschienen, und doch ein grosser Schnee draussen lag, da begab sich in D. Fausti Garten ein herrlich unnd lustig Spectacul, dann es war in seinem Garten kein Schnee zusehen, sondern ein schöner Sommer, mit allerley Gewächß, daß auch das Graß mit allerley schönen Blumen dahir blühet und grünet. Es waren auch da schöne Weinreben, mit allerley Trauben behengt, deßgleichen rohte, weisse und Leibfarbe Rosen, und ander viel schöne wolriechende Blumen, welches ein schönen herrlichen lust zusehen und zuriechen gabe.

(288)* Zecherei, Unterhaltung.

56 Von einem Versammleten Kriegßheer wider den Freyherrn, so Doctor Faustus an deß Keysers Hoff ein Hirschgewicht[289] auff den Kopff gezaubert hatte, in seinem 19. Jar.

Doctor Faustus reyset gen Eißleben, als er nu halben weg gereyset, sihet er ungefehr 7 Pferd daher stutzen. den Herrn kennt er, daß es der Graff war, dem er, wie obgemeldt, an deß Kaysers Hoff ein Hirschgewicht auff die Stirne gezaubert hatte. Der Herr kannte Doct. Faustum auch gar wol, derhalben er seine Knecht ließ still halten, das Faustus bald merckete, und sich deßwegen auff eine höhe thäte. Als solchs der Freyherr sahe, ließ er auff in dar rennen, mit befehl, kecklich uff in zu schiessen, derhalben sie desto besser darauff truckten in zu erreichen. Er ward aber bald widerumb auß ihrem Gesichte verloren, denn er sich unsichtbar gemacht. Der Freyherr liesse auff der Höhe stille halten, ob er in wider in das Gesicht bringen köndte, da hörten sie unten am Walde ein groß Pfeiffen mit Posaunen, Trometen, Trummeln unnd Heerpaucken, blasen und schlagen, sahe auch etliche 100 Pferde auff ihn streiffen, er aber gab das Fersengelt. Als er nun neben dem Berge hin wolt, stundt ein groß Kriegßvolck im Harnisch, so auff in dar wolte, da wandte er sich auff einen andern

(289)* Hirschgeweih.

Weg, bald sahe er gleichsfalls viel Reysiger Pferde, derhalben er sich abermals auff einander seyten begeben muste. Da er widerumb, wie zuvor eine Schlachtordnung sahe, daß ihme also dieses einmal oder fünff begegnete, so offt er sich an einander ort hat gewandt. Als er nun sahe, daß er niergendt hinauß kundte, doch sahe, daß man auff in streiffte, rennet er in das Heer hineyn, was Gefahr ihm gleich darauß entstehen möchte, und fragte, was die Ursach seye, daß man in allenthalben umbgeben habe, oder auff ihn streiffe, aber niemand wolte im antwort geben, biß endtlich D. Faustus hinfür zu im ritt, da der Freyherr alsbald umbgeschlossen ward, und im fürhielt, er solte sich gefangen geben, wo nicht, werde man mit ihme nach der schärpffe fahren[290]. Der Freyherr vermeynte nit anders, denn es were ein Mannschafft oder natürlich Fürhaben einer Schlacht, so es doch eine Zauberey deß Fausti war. Darauff fordert D. Faustus die Büchsen und schwerter von inen, nam inen die Gäul und führete inen ander gezauberte Gäul, Büchsen und Schwerter dar, unnd sprach zum Freyherrn, der den Faustum nicht mehr kennet: Mein Herr, es hat mir der Oberst in diesem Heer befohlen, euch anzuzeigen, daß ir dißmal solt also hin ziehen, dieweil ir auff einen gestreifft, der bey dem Obersten umb Hülff angesucht. Als nun der Freyherr in die Herberg kam, und seine Knechte die pferde zur träncke ritten, da verschwunden die Pferde alle, und waren die Knecht schier ertruncken, musten also widerumb zu Fuß heym reitten. Der Freyher sahe die Knecht daher ziehen, die alle besudelt, und naß waren, auch zu Fuß giengen, als er die ursach erfahren, schloß er alsbald, daß es D. Fausti Zauberey war, wie er im auch zuvor gethan hatte, und im solchs alles zu hohn und spott geschehen were.

(290)* hart umgehen, scharf verfahren.

57 Von D. Fausti Bullschafften in seinem 19. und 20. Jahre.

Als Doctor Faustus sahe, daß die Jahr seiner Versprechung von Tag zu Tag zum Ende lieffen, hub er an ein Säuisch unnd Epicurisch leben zu führen, und berüfft im siben Teuffelische Succubas[291], die er alle beschlieffe, und eine anders denn die ander gestalt war, auch so trefflich schön, daß nicht davon zusagen. Dann er fuhr inn viel Königreich mit seinem Geist, darmit er alle Weibsbilder sehen möchte, deren er 7 zuwegen brachte, zwo Niderländerin, eine Ungerin, eine Engelländerin, zwo Schwäbin, und eine Fränckin, die ein Außbundt deß Landes waren, mit denselbigen Teuffelischen Weibern triebe er Unkeuschheit, biß an sein Ende.

58 Von einem Schatz, so D. Faustus gefunden in seinem 22. verlauffenen Jar.

Darmit der Teuffel seinem Erben, dem Fausto, gar keinen Mangel liesse, weiste der Geist Mephostophiles D. Faustum in eine alte Capellen, so eingefallen war, unnd bey Wittemberg bey einer halben Meil wegs gelegen ist, allda hette es einen vergrabenen Keller, da solte Doct. Faustus graben, so würde er einen grossen Schatz finden. dem gieng Doct. Faustus treulich nach, wie er nun darkame, fandte er einen greulichen grossen Wurmb auff dem schatz ligen, der Schatz erschiene wie ein angezündet Liecht. D. Faustus beschwure ihn, daß er in ein Loch kroche. als er nun den Schatz grub, fandt er nichts als Kolen darinnen, hörete und sahe auch darneben viel Gespenste. Also bracht D. Faustus die Kolen zu Hauß, die alsbald zu Silber und Golt verwandelt wurden, welches, wie sein Famulus darvon gemeldet hat, in etliche tausendt Gülden wehrt geschätzt ist worden.

---

(291)* dämonische Beischläferinnen.

59 Von der Helena auß Griechenland, so dem Fausto Beywohnung gethan in seinem letzten Jahre.

Darmit nun der elende Faustus seines Fleisches Lüsten genugsam raum gebe, fällt im zu Mitternacht, als er erwachte, in seinem 23. verloffenen Jar, die Helena aus Grecia, so er vormals den Studenten am Weissen Sonntag erweckt hatt, in Sinn. Derhalben er Morgens seinen Geist anmanet, er solte im die Helenam darstellen, die seine Concubina seyn möchte, welches auch geschahe, und diese Helena war ebenmässiger Gestalt, wie er sie den Studenten erweckt hatt, mit lieblichem unnd holdseligem Anblicken. Als nun Doct. Faustus solches sahe, hat sie ihm sein Hertz dermassen gefangen, daß er mit ihr anhube zu Bulen, und für sein Schlaffweib bey sich behielt, die er so lieb gewann, daß er schier kein Augenblick von ir seyn konnte. Ward also in dem letzten jar Schwangers Leibs von ime, gebar im einen Son, dessen sich Faustus hefftig freuete, und ihn Iustum Faustum nennete. Diß Kind erzehlt D. Fausto vil zukünfftige ding, so in allen Ländern solten geschehen. Als er aber hernach umb sein Leben kame, verschwanden zugleich mit im Mutter und Kindt.

Folget nu was Doctor Faustus in seiner letzten Jarsfrist mit seinem Geist und andern gehandelt, welches das 24. unnd letzte Jahr seiner Versprechung war.

60 Von D. Fausti Testament, darinnen er seinen Diener Wagener zu einem Erben eingesetzt.

Doct. Faustus hatte diese zeit hero biß in diß 24. unnd letzte Jahr seiner Versprechung, einen jungen Knaben aufferzogen, so zu Wittemberg wol studierte, der sahe alle seins Herrn, Doct. Fausti, Abentheur, Zäuberey und Teuffelische Kunst. war sonst ein böser verloffner Bube, der anfangs zu Wittenberg Betteln umbgangen, unnd ihne, seiner bösen art halben, niemandt auffnemmen wolte. Dieser Wagener ward nun deß Doct. Fausti Famulus, hielte sich bey ihm wol, daß ihn D. Faustus hernach seinen Son nannte. er kam hin wo er wolte, so schlemmete und demmete[292] er mit. Als sich nu die zeit mit D. Fausto enden wolte, berüfft er zu sich einen Notarium, darneben etliche Magistros, so offt umb inen gewest, und verschaffte[293] seinem Famulo das Hauß, sampt dem Garten, neben deß Gansers und Veit Rodingers Hauß gelegen, bey dem Eysern Thor, in der Schergassen an der Ringmauren. Item, er verschaffte ihme 1600 Gülden am Zinßgelt, ein Bauren Gut, acht hundert gülden wert, sechs hundert Gülden an barem Gelt, eine gülden Ketten, drey hundert Cronen werth, Silbergeschirr, was er von Höfen zu wegen gebracht, unnd sonderlich auß deß Bapsts und Türcken Hoff, biß in die tausendt Gülden wert. Sonsten war nit viel besonders da an Haußrath, dann er nicht viel daheym gewohnet, sondern bey Wirten und Studenten Tag und Nacht gefressen und gesoffen. Also ward sein Testament auffgericht und constituiert.

---

(292)* schwelgte. (293)* vermachte, vererbte.

61 Doctor Faustus besprach sich mit seinem Diener deß Testaments halben.

Als nu das Testament auffgericht war, berüfft er seinen Diener zu sich, hielt im für, wie er ihn im Testament bedacht habe, weil er sich die zeit seines Lebens bey im wolgehalten, und seine Heimligkeit[294] nicht offenbaret hette. Derhalben solte er von ihme noch was bitten, dessen wölle er ihn gewehren. Da begerte der Famulus seine Geschickligkeit. Darauff ime Faustus antwortet: Meine Bücher belangendt, sind dir dieselbigen vorhin verschaffet, jedoch daß du sie nicht an Tag kommen wöllest lassen, Sondern deinen Nutzen darmit schaffen, fleissig darinnen studieren. Zum andern, begerestu meine Geschickligkeit, die du ja bekommen wirst, wann du meine Bücher lieb hast, dich an niemandt kehrest, sondern darbey bleibest. Noch, sagt Doctor Faustus, dieweil mein Geist Mephostophiles mir weiter zu dienen nit schüldig, derhalben ich dir in nit verschaffen mag, so wil ich dir doch einen andern Geist, so du es begerest, verordnen. Bald hernach am dritten Tage berüfft er seinen Famulum wider, und hielte im für, wie er einen Geist wolte, ob er noch deß Vorhabens were, und in was Gestalt er im erscheinen sol. Er antwortet: Mein Herr und Vatter, in Gestalt eines Affen, auch in solcher grösse und Form. Darauff erschiene ime ein Geist, in gestalt und form eines Affen, der in die Stuben sprange. D. Faustus sprach: Sihe, jetzt sihestu in, doch wirt er dir nicht zu Willen werden, biß erst nach meinem Todt, unnd wann mein Geist Mephostophiles von mir genommen, und ihn nicht mehr sehen wirst, und so du dein Versprechen, das bey dir stehet, leystest, so soltu in nennen den Auerhan, denn also heisset er. Darneben bitte ich, daß du meine Kunst, Thaten, und was ich getrieben habe, nicht offenbarest, biß ich Todt bin, alsdenn wöllest es auffzeichnen, zusammen schreiben, unnd in eine Historiam transferiren, dazu dir dein Geist und Auerhan helffen wirt, was dir

(294)* Geheimnis.

vergessen ist, das wirdt er dich wider erinnern, denn man wirdt solche meine Geschichte von dir haben wöllen.

62 Wie sich Doctor Faustus zu der zeit, da er nur einen Monat noch vor sich hatte, so ubel gehub, stätigs jämmerte und seufftzete uber sein Teuffelisch Wesen.

Dem Fausto lieff die Stunde herbey, wie ein Stundglaß, hatte nur noch einen Monat für sich, darinnen sein 24. Jar zum ende lieffen, in welchen er sich dem Teuffel ergeben hatte, mit Leib und Seel, wie hievorn angezeigt worden. da ward Faustus erst zame, und war ihme wie einem gefangenen Morder oder Räuber, so das urtheil im Gefängnuß empfangen, und der Straffe deß Todes gewertig seyn muß. Dann er ward geängstet, weynet und redet immer mit sich selbst, fantasiert mit den Händen, achtzet und seufftzet, nam vom Leib ab, unnd ließ sich forthin selten oder gar nit sehen, wolte auch den Geist nit mehr bey im sehen oder leyden.

63 Doctor Fausti Weheklag, daß er noch in gutem Leben und jungen Tagen sterben müste.

Diese Traurigkeit bewegte D. Faustum, daß er seine Weheklag auffzeichnete, damit ers nicht vergessen möchte, und ist diß auch seiner geschriebenen Klag eine.
Ach, Fauste, du verwegenes unnd nicht werdes Hertz, der du deine Gesellschafft mit verführest in ein Urtheil deß Feuers, da du wol hettest die Seligkeit haben können, so du jetzunder verleurest[295]. Ach Vernunfft und freyer Will, was zeihestu meine Glieder, so nichts anders zuversehen ist,

(295)* verlierst.

dann beraubung ires Lebens. Ach ihr Glieder, unnd du noch gesunder Leib, Vernunfft und Seel, beklagen mich, dann ich hette dir es zu geben oder zu nemmen gehabt, und mein Besserung mit dir befriedigt. Ach Lieb unnd Haß, warumb seyd ir zugleich bey mir eingezogen, nach dem ich euer Gesellschafft halb solche Pein erleiden muß. Ach Barmhertzigkeit und Rach, auß was ursach habt ir mir solchen Lohn und Schmach vergönnet? O Grimmigkeit und Mitleyden, bin ich darumb ein Mensch geschaffen, die Straff, so ich bereit sehe, von mir selbsten zu erdulden? Ach, ach Armer, ist auch etwas in der Welt, so mir nicht widerstrebet? Ach, was hilfft mein Klagen.

64 Widerumb ein Klage D. Fausti.

Ach, ach, ach, ich arbeitseliger[296] Mensch, O du betrübter unseliger Fauste, du bist wol in dem Hauffen der Unseligen, da ich den ubermässigen schmertzen deß Todtes erwarten muß, Ja viel einen erbärmlichern dann jemals eine schmertzhaffte Creatur erduldet hat. Ach, ach Vernunfft, Mutwill, Vermessenheit unnd freyer Will. O du verfluchtes und unbeständiges Leben, O du Blinder und Unachtsamer, der du deine Glieder, Leib und Seel, so Blindt machest, als du bist. O zeitlicher Wollust, in was Mühseligkeit hastu mich geführet, daß du mir meine Augen so gar verblendet unnd vertunckelt hast. Ach mein schwaches Gemüt, du meine betrübte Seel, wo ist dein Erkändtnuß? O erbärmliche Müheseligkeit, O verzweiffelte Hoffnung, so deiner nimmermehr gedacht wirdt. Ach Leyd uber Leyd, Jammer uber Jammer, Ach und Wehe, wer wirdt mich erlösen? wo sol ich mich verbergen? wohin sol ich mich verkriechen oder fliehen? Ja, ich seye wo ich wölle, so bin ich gefangen. Darauff sich der arme Faustus bekümmerte, daß er nichts mehr reden kondte.

---

(296)* mühseliger.

65 Wie der böse Geist dem betrübten Fausto mit seltzamen spöttischen Schertzreden und Sprichwörtern zusetzt.

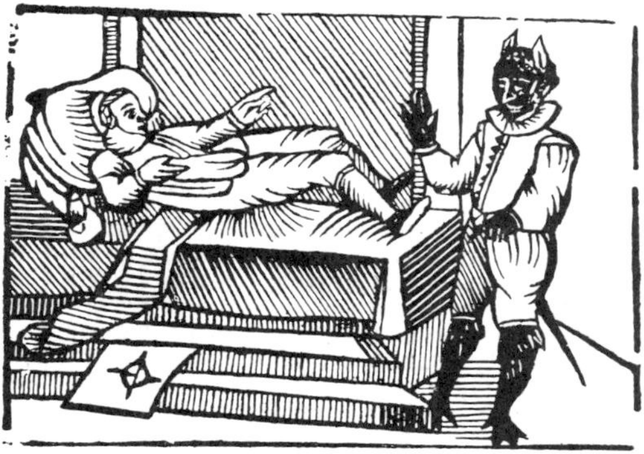

Auff solche obgehörte Weheklag, erschien Fausto sein Geist Mephostophiles, tratte zu ihm, unnd sprach: Dieweil du auß der heyligen Schrifft wol gewust hast, daß du GOTT allein anbetten, ihme dienen, unnd keine andere Götter, weder zur Lincken noch zur Rechten, neben ihm haben sollest, dasselbig aber nicht gethan, Sondern deinen Gott versucht, von ime abgefallen, in verleugnet, und dich hieher versprochen, mit Leib und Seel, so mustu diese deine Versprechung leysten, unnd mercke meine Reimen:

Weistu was, so schweig,
Ist dir wol, so bleib.
Hastu was, so behalt,
Unglück kompt bald.
Drumb schweig, leyd, meyd und vertrag,
Dein Unglück keinem Menschen klag.
Es ist zu spat, an Gott verzag,
Dein Unglück läufft herein all tag.

Darumb, meine Fauste, ists nit gut mit grossen Herrn und dem Teuffel Kirschen essen, sie werffen einem die Stiel ins Angesicht, wie du nun sihest, derhalben werestu wol weit von dannen gangen, were gut für die Schüß gewesen. dein hoffertig Rößlein aber hat dich geschlagen, du hast die Kunst, so dir GOTT gegeben, veracht, dich nicht mit begnügen lassen, sonder den Teuffel zu Gast geladen, und hast die 24 Jar hero gemeynet, es seye alles Golt, was gleisset, was dich der Geist berichte, dardurch dir der Teuffel, als einer Katzen, ein Schellen angehengt. Sihe, du warest eine schöne erschaffene Creatur, aber die Rosen, so man lang in Händen trägt, und daran riecht, die bleibt nit, deß Brot du gessen hast, deß Liedlein mustu singen, verziehe[297] biß auff den Karfreytag, so wirds bald Ostern werden. Was du verheissen hast, ist nicht on Ursach geschehen. Ein gebratene Wurst hat zween Zipffel, Auff deß Teuffels Eyß ist nicht gut gehen. Du hast ein böse Art gehabt, darumb läßt Art von Art nicht, also läßt die Katz das Mausen nit, Scharpff fürnemmen macht schärtig, weil der Löffel neu ist, braucht in der Koch, darnach wenn er alt wirt, so scheißt er dreyn, dann iß mit im auß, Ist es nicht auch also mit dir? der du ein neuer Kochlöffel deß Teuffels warest, nun nützet er dich nimmer, denn der Marckt hett dich soll lehren Kauffen. Daneben hastu dich mit wenig Vorraht nit begnügen lassen, den dir Gott bescheret hat. Noch mehr, mein Fauste, was hastu für einen grossen Ubermuth gebrauchet, in allem deinem Thun und Wandel hastu dich einen Teuffels Freund genennet, derhalben schürtz dich nun, dann Gott ist HERR, der Teuffel ist nur Abt oder Münch[298], Hoffart thäte nie gut, woltest Hans in allen Gassen seyn, so sol man Narren mit Kolben lausen, Wer zuviel wil haben, dem wirt zu wenig, darnach einer Kegelt, darnach muß er auffsetzen. So laß dir nun meine Lehr und Erinnerung zu Hertzen gehen, die gleichwol schier verloren ist, du soltest dem Teuffel nit so wol vertrauet haben, dieweil er Gottes Aff, auch ein Lügener unnd Mörder ist, darumb soltest du Klüger gewesen seyn. Schimpff bringt Schaden, denn es ist bald umb einen Menschen geschehen, und er kostet so viel zu erziehen. den Teuffel zu beherbergen, braucht ein klugen Wiert. Es

(297)* warte.
(298)* muß heißen: Der Teufel ist ein Teufel, ein Abt ist ein Mönch.

gehört mehr zum Tantz, dann ein roht par Schuch, hettestu Gott vor Augen gehabt, und dich mit denen Gaben, so er dir verliehen, begnügen lassen, dörfftestu[299] diesen Reyen nicht tantzen, unnd soltest dem Teuffel nicht so leichtlich zu willen worden seyn, und gegläubet haben, dann wer leichtlich glaubt, wirdt bald betrogen, jetzt wischt der Teuffel das Maul, unnd gehet davon, du hast dich zum Bürgen gesetzt, mit deinem eigenen blut, so sol man Bürgen würgen, hast es zu einem Ohr lassen eingehen, zum andern wider auß. Als nu der Geist Fausto den armen Judas genugsam gesungen, ist er widerumb verschwunden, und den Faustum allein gantz Melancholisch und verwirrt gelassen.

66 Doctor Fausti Weheklag von der Hellen, und irer unaußsprechlichen Pein und Quaal.

O ich armer Verdampter, warumb bin ich nit ein Viehe, so one Seel stirbet, damit ich nichts weiters befahren[300] dorffte. Nun nimpt der Teuffel Leib und Seel von mir, und setzt mich in ein unaußsprechliche finsternuß der qual, dann gleich wie die Seelen an ihnen haben schönheit und freud, also muß ich armer unnd die Verdampten einen unerforschlichen Greuel, Gestanck, Verhinderung, Schmach, Zittern, Zagen, Schmertzen, Trübsall, Heulen, Weinen unnd Zäenklappern haben. So sind alle Creaturen und Geschöpffe Gottes wider uns, und müssen von den Heyligen ewige Schmach tragen. Ich weiß mich noch zu erinnern vom Geist, den ich auff eine zeit von Verdammnuß gefraget habe, der zu mir sagte, Es sey ein groß unterscheidt unter den Verdampten, dann die Sünde sind ungleich. Unnd sprach ferrner, gleich wie die Spreuen, Holtz und Eysen von dem Feuer verbrennet werden, doch eins leichter und härter als das ander, also auch die Verdampten in der Glut unnd Hellen. Ach du ewige Verdammnuß, so du vom Zorn Gottes also inflammiert,

(299)* müßtest du. (300)* erfahren muß.

von Feuer und Hitze bist, so keines schürens in Ewigkeit bedarff. Ach was Trauren, Trübsall und Schmertzens, muß man da gewertig seyn, mit weinen der Augen, knirschen der Zäenen, stanck der Nasen, Jammer der Stimm, erschreckung der Ohren, zittern der Hände und Füß. Ach ich wolte gerne deß Himmels entberen, wann ich nur der ewigen straffe köndt entfliehen. Ach wer wirt mich dann auß dem unaußsprechlichen Feuer der Verdampten erretten? da keine hülff sein wirdt, da kein beweinen der Sünden nütz ist, da weder Tag noch Nacht ruhe ist, wer wil mich Elenden erretten? Wo ist mein zuflucht? wo ist mein Schutz, Hülff unnd Auffenthalt? Wo ist meine feste Burg? Wessen darff ich mich trösten? der Seligen Gottes nicht, dann ich schäme mich, sie anzusprechen, mir würde kein Antwort folgen, sondern ich muß mein Angesicht vor inen verhüllen, daß ich die Freude der Ausserwehlten nit sehen mag. Ach was klage ich, da kein hülff kommet? da ich kein Vertröstung der Klage weiß? Amen, Amen, Ich habs also haben wöllen, nun muß ich den Spott zum Schaden haben.

67 Folget nun von D. Fausti greulichem und erschrecklichem Ende, ab welchem sich jedes Christen Mensch gnugsam zu spiegeln, und darfür zu hüten hat.

Die 24 Jar deß Doctor Fausti waren erschienen[301], und eben in solcher Wochen erschiene ihm der Geist, uberantwort ihme seinen Brieff oder Verschreibung, zeigt im darneben an, daß der Teuffel auff die ander Nacht seinen Leib holen werde, dessen solte er sich versehen. Doctor Faustus klagte unnd weynete die gantze Nacht, also daß ihme der Geist in dieser Nacht wider erschiene, sprach ihme zu: Mein Fauste, seye doch nicht so kleinmütig, ob du schon deinen Leib verleurest, ist doch noch lang dahin, biß

(301)* vergangen.

dein Gericht wirt, du must doch zuletzt sterben, wann du gleich viel hundert Jahr lebtest. Müssen doch die Türcken, Jüden und andere Unchristliche Keyser auch sterben, und in gleicher Verdammnuß seyn, weistu doch noch nicht was dir auffgesetzt[302] ist, seye behertzet, und verzage nicht so gar, hat dir doch der Teuffel verheißen, er wölle dir einen stählin Leib unnd Seel geben, und solt nicht leyden, wie andere Verdampte. Solchen und noch mehr Trosts gab er ihme, doch falsch und der heyligen Schrifft zu wider. Doctor Faustus, der nicht anders wuste, dann die Versprechung oder Verschreibung müste er mit der Haut bezahlen, gehet eben an diesem Tag, da ime der Geist angesagt, daß der Teuffel in holen werde, zu seinen vertraueten Gesellen, Magistris, Baccalaureis, und andern Studenten mehr, die in zuvor offt besucht hatten, die bittet er, daß sie mit ihme in das Dorff Rimlich, eine halb Meil wegs von Wittenberg gelegen, wolten spatzieren, unnd allda mit ime eine Malzeit halten, die im solches zusagten. Gehen also mit einander dahin, unnd essen ein Morgenmahl, mit vielen köstlichen Gerichten, an Speise und Wein, so der Wirt aufftruge. D. Faustus war mit inen frölich, doch nicht auß rechtem Hertzen. Bittet sie alle widerumb, sie wolten im so viel zu gefallen seyn, und mit ime zu Nacht essen, und dise Nacht vollendt bey ihme bleiben. Er muste inen was Wichtiges sagen, welches sie ime abermals zusagten, namen auch die Mahlzeit ein. Als nu der Schlafftrunck auch vollendet ward, bezahlt D. Faustus den Wiert, und bathe die Studenten, sie wolten mit ihme in ein ander Stuben gehen, er wolte ihnen etwas sagen, das geschahe. D. Faustus sagte zu inen also:

---

(302) bevorsteht.

68 Oratio Fausti ad Studiosos[303].

Meine liebe Vertrauete und gantz günstige Herren, Warumb ich euch beruffen hab, ist diß, daß euch viel jar her an mir bewußt, was ich für ein Mann war, in vielen Künsten und Zauberey bericht[304], welche aber niergendt anders, dann vom Teuffel herkommen, zu welchem Teuffelischen Lust mich auch niemandt gebracht, als die böse Gesellschafft, so mit dergleichen Stücken umbgiengen, darnach mein nichtwerdes Fleisch und Blut, mein Halßstarriger und Gottloser Willen, und fliegende[305] Teuffelische gedancken, welche ich mir fürgesetzet, daher ich mich dem Teuffel versprechen müssen, nemlich, in 24 jaren, mein Leib und Seel. Nu sind solche Jar bis auff diese Nacht zum Ende gelauffen, und stehet mir das Stundtglaß vor den Augen, daß ich gewertig seyn muß, wann es außläufft, und er mich diese Nacht holen wirt, dieweil ich im Leib und Seel zum zweytenmal so theur mit meinem eigen Blut verschrieben habe. darumb habe ich euch freundtliche günstige liebe Herren, vor meinem Ende zu mir beruffen, und mit euch ein Johanns trunck[306] zum Abschied thun wöllen, und euch mein Hinscheiden nicht sollen verbergen. Bitt euch hierauff, günstige liebe Brüder und Herrn, ihr wöllet alle die

(303)* Rede Fausts an die Studenten. (304)* erfahren. (305)* hochmütige. (306)* Der Johannistrunk galt als Abschiedstrunk.

meinen, und die meiner in gutem gedencken, von meinet wegen, Brüderlich und freundtlich grüssen, darneben mir nichts für ubel halten unnd wo ich euch jemals beleydiget, mir solches hertzlich verzeihen. Was aber die Abentheuer belanget, so ich in solchen 24 Jahren getrieben habe, das werdt ihr alles nach mir auffgeschrieben finden, und laßt euch mein greulich End euer Lebtag ein fürbildt und erinnerung seyn, daß ir wöllet Gott vor Augen haben, ihn bitten, daß er euch vor deß Teuffels trug unnd List behüten, unnd nicht in Versuchung führen wölle, dagegen ime anhangen, nicht so gar von ihm abfallen, wie ich Gottloser und Verdampter Mensch, der ich veracht und abgesagt habe der Tauffe, dem Sacrament Christi, Gott selbst, allem Himmlischen Heer, und dem Menschen, einem solchen Gott, der nit begert, daß einer solt verloren werden. Laßt euch auch die böse Gesellschafft nit verführen, wie es mir gehet unnd begegnet ist, Besucht fleissig und embsig die Kirchen, sieget und streitet allezeit wider den Teuffel, mit einem guten Glauben an Christum, und Gottseligen Wandel gericht.

Endlich nu und zum Beschluß, ist meine freundliche Bitt, ir wöllt euch zu Bett begeben, mit ruhe schlaffen, und euch nichts anfechten lassen, auch so ir ein Gepölter und Ungestümb im Hauß höret, wöllt ir drob mit nichten erschrecken, es sol euch kein Leyd widerfahren, wöllet auch vom Bett nicht auffstehen, und so ir meinen Leib tod findet, ihn zur Erden bestatten lassen. Dann ich sterbe als ein böser unnd guter Christ, ein guter Christ, darumb daß ich eine hertzliche Reue habe, und im Hertzen immer umb Gnade bitte, damit meine Seele errettet möchte werden. Ein böser Christ, daß ich weiß, daß der Teuffel den Leib wil haben, unnd ich wil ihme den gerne lassen, er laß mir aber nur die Seele zu frieden. Hierauff bitt ich euch, ir wöllet euch zu Bette verfügen, unnd wündsche euch eine gute Nacht, Mir aber eine ärgerliche, Böse unnd Erschreckliche.

Diese Declaration unnd Erzehlung thät Doctor Faustus mit behertztem Gemüt, damit er sie nicht verzagt, erschrocken und kleinmütig machte. Die Studenten aber verwunderten sich auffs höchste, daß er so verwegen gewest, sich nur umb Schelmerey, Fürwitz unnd Zauberey willen in eine solche Gefahr an Leib unnd Seel begeben hette, war inen hertzlich leydt, dann sie hetten in lieb, und sprachen: Ach mein Herr Fauste, was habt ihr euch geziehen, daß ihr so lang still geschwiegen, und uns solches nicht habt offenbaret, wir wolten euch durch gelehrte Theologos auß dem netz deß Teuffels errettet, und gerissen haben, nun aber ist es zu spat, und euerm Leib und Seel schädlich. Doct. Faustus antwortet: Er hette es nicht thun dörffen, ob ers schon offt willens gehabt, sich zu Gottseligen Leuthen zu thun, raht und hülff zu suchen. Wie mich auch mein Nachbaur darumb angesprochen, daß ich seiner Lehre folgen solte, von der Zäuberey abstehen, und mich bekehren. Als ich dann dessen auch schon willens war, kam der Teuffel, und wolt mit mir fort, wie er diese Nacht thun wird, und sagte: So bald ich die bekehrung zu GOTT annemmen würde, wölle er mir den Garauß machen. Als sie solches von Doctor Fausto verstanden, sagten sie zu ime: Dieweil nun nichts anders zugewarten seye, sol er Gott anruffen, ihn durch seines lieben Sohns Jesu Christi willen, umb verzeihung bitten, und sprechen: Ach Gott sey mir armen Sünder gnädig, unnd gehe nicht mit mir ins Gericht, dann ich vor dir nicht bestehen kan. Wiewol ich dem Teuffel den Leib muß lassen, so wöllst doch die Seel erhalten, ob Gott etwas wircken wolte. Das sagte er inen zu, er wolte beten, es wolte ihme aber nit eingehen, wie dem Cain, der auch sagte: Sein Sünde weren grösser, denn daß sie ihme möchten verziehen werden. Also gedachte er auch immerdar, er hette es mit seiner Verschreibung zu grob gemacht. Diese Studenten und gute Herren, als sie Faustum gesegneten, weyneten sie, unnd umbfiengen einander. D. Faustus aber bleib in der Stuben, unnd da die Herren sich zu Bette begeben, kondte keiner recht schlaffen, dann sie den Außgang wolten hören. Es geschahe aber zwischen zwölff und ein Uhr in der Nacht, daß gegen dem Hauß her ein grosser ungestümmer Wind gienge, so das Hauß an allen orten umbgabe, als ob es alles zu grunde gehen, unnd das Hauß zu Boden reissen wolte, darob die

Studenten vermeynten zuverzagen, sprangen auß dem Bett, und huben an einander zu trösten, wolten auß der Kammer nicht, Der Wiert lieff auß seinem in ein ander Hauß. Die Studenten lagen nahendt bey der Stuben, da D. Faustus innen war, sie hörten ein greuliches Pfeiffen unnd Zischen, als ob das Hauß voller Schlangen, Natern unnd anderer schädlicher Würme were. in dem gehet D. Fausti thür uff in der Stuben, der hub an umb Hülff unnd Mordio zuschreyen, aber kaum mit halber Stimm, bald hernach hört man in nicht mehr. Als es nun Tag ward, und die Studenten die gantze Nacht nicht geschlaffen haten, sind sie in die Stuben gegangen, darinnen D. Faustus gewesen war, sie sahen aber keinen Faustum mehr, und nichts, dann die Stuben voller Bluts gesprützet. Das Hirn klebte an der Wandt, weil in der Teuffel von einer Wandt zur andern geschlagen hatte. Es lagen auch seine Augen und etliche Zäen allda, ein greulich und erschrecklich Spectackel. Da huben die Studenten an in zubeklagen und zubeweynen, und suchten in allenthalben. Letzlich aber funden sie seinen Leib heraussen bey dem Mist ligen, welcher greulich anzusehen war, dann ihme der Kopff unnd alle Glieder schlotterten.

Diese gemeldte Magistri unnd Studenten, so bey deß Fausti odt gewest, haben so viel erlangt, daß man ihn in diesem Dorff begraben hat, darnach sind sie widerumb hineyn gen Wittenberg, und ins Doctor Fausti Behausung gegangen, allda sie seinen Famulum, den Wagner, gefunden, der sich eines Herrn halben ubel gehube. Sie fanden auch diese deß Fausti Historiam auffgezeichnet, und von ihme beschrieben, wie hievor gemeldt, alles ohn sein Ende, welches von obgemeldten Studenten und Magistris hinzu gethan, unnd was sein Famulus auffgezeichnet, da auch ein ieu Buch von ihme außgehet. Deßgleichen eben am elbigen Tage ist die verzauberte Helena, sampt ihrem Son, nicht mehr vorhanden gewest, sondern verschwunden. Es ardt auch forthin in seinem Hauß so Unheimlich, daß iemandt darinnen wohnen kondte. D. Faustus erschiene auch seinem Famulo lebhafftig bey Nacht, und offenbarte ihm viel heimlicher ding. So hat man in auch bey der Nacht zum Fenster hinauß sehen gucken, wer fürüber gangen ist. Also endet sich die gantze warhafftige Historia und Zäuberey Doctor Fausti, darauß jeder Christ zu lernen, sonderlich aber die eines hoffertigen, stoltzen, fürwitzigen und trotzigen Sinnes unnd Kopffs sind, GOTT zu förchten, Zauberey, Beschwerung unnd andere Teuffelswercks zu fliehen, so Gott ernstlich verbotten hat, und den Teuffel nit zu Gast zu laden, noch im raum zu geben, wie Faustus gethan hat. Dann uns hie ein erschrecklich Exempel seiner Verschreibung unnd Ends fürgebildet ist, desselben müssig zu gehen, unnd Gott allein zu lieben, unnd für Augen zu haben, alleine anzubeten, zu dienen und zu lieben, von gantzem Hertzen und gantzer Seelen, und von allen Kräfften, und dagegen dem Teuffel unnd allem seinem Anhang abzusagen, und mit Christo endtlich ewig selig zu werden. Amen, Amen. Das wündsche ich einem jeden von grunde meines Hertzen, AMEN.

I Pet. V.
Seyt nüchtern und wachet, dann euer Widersacher der Teuffel geht umbher wie ein brüllender Löwe, und suchet welchen er verschlinge, dem widerstehet fest im Glauben.

MATERIALIEN

Inhaltsverzeichnis

Einleitung

Bei aller Unsicherheit über die Lebensumstände des historischen Faust gibt es doch einige Zeugnisse – zwar nicht von ihm, aber über ihn –, die unmißverständlich auf diesen Mann hinweisen. Dabei ist zu beobachten, wie sehr das Bild des historischen Faust im Urteil seiner Zeitgenossen schillert, wie man ihm fast widerwillig zugesteht, ein Gelehrter zu sein, der sich in der Medizin, in der Astronomie auskenne, wie man aber die negativen Seiten hervorhebt: seine Prahlerei, seine marktschreierischen Auftritte. Vielen war Faust ein Ärgernis: den protestantischen Theologen, weil er mit dem Teufel Umgang pflog (Luther nennt ihn einen Schwager des Teufels), den katholischen Theologen, weil er blasphemische Reden führte und prahlte, er könne die Wunder Christi wiederholen, und schließlich den humanistischen Gelehrten und Ärzten seiner Zeit, die in ihm eine ernsthafte Konkurrenz sahen. Denn seine Wirkung auf die Menschen muß groß gewesen sein, und er bewegte sich auf verschiedenen sozialen Ebenen: in den Wirtshäusern und auf den Jahrmärkten wie in den Sälen der Reichen und den Häusern der Gelehrten seiner Zeit. Das Gerücht von seinem gewaltsamen Tod – vielleicht ist er bei einem seiner alchimistischen Experimente umgekommen – wurde zweifellos von vielen seiner Zeitgenossen gefördert und als Bestätigung ihres Urteils angesehen: Endlich hatte ihn der Teufel geholt. In einer Zeit, in der Naturerkenntnis vorwiegend in magischer Annäherung gewonnen wurde, in der die Beschäftigung mit der Magia naturalis, der weißen Magie ebenso wie mit der Astrologie und Chiromantik als seriöse Wissenschaft galt, wurde zugleich jedes Wissen, das über das Mittelmaß hinausging auf dämonische Hilfe zurückgeführt. Vielen Gelehrten sagte man das Paktieren mit dem Teufel nach: Albertu Magnus, Theophrastus Paracelsus, Agrippa von Nettesheim; aber im Gegensatz zu ihnen setzte Faust diesen Ru wohl bewußt in seine Rechnung ein, wenn er irgendw auftrat. Daß er als Kapazität auf vielen Gebieten galt, ist unbestreitbar, und seine Horoskope und Wahrsagekünste wurden von geistlichen und weltlichen Fürsten in Anspruch genommen. Das ist in Umrissen das Bild des historischen Faust.

Die hier ausgewählten Materialien geben die Möglichkeit, das Bild Fausts von verschiedenen Seiten zu beleuchten und das Faustbuch geistesgeschichtlich einzuordnen.

V. Die Lebenszeugnisse und zeitgenössischen Urteile zur Person Fausts ermöglichen eine Gegenüberstellung des historischen Faust mit dem des Volksbuches. Hier ist das Bild des Teufelsbündners vorherrschend, zugleich wird sein Erkenntnisstreben, das zwangsläufig in Konflikt mit der Lehre der Bibel kommen mußte, als Hochmut und teuflische Sünde diffamiert. Faust kann nicht erlöst werden, denn sein Weg ist vorgeschrieben. Hinzu kommt im Volksbuch die konfessionelle Polemik gegen das Papsttum, ein Merkmal, das einmal mehr die Zeitbezogenheit dieses Buches unterstreicht.

Der kritische Vergleich des historischen Faust mit dem des Volksbuchs erlaubt Einblicke in die Struktur und Denkweise jener Epoche; Einblicke in die Wissenschaftsauffassung und die soziale Stellung des Gelehrten jener Zeit wie auch in die religiösen Auseinandersetzungen.

VI. Die Allgegenwärtigkeit des Magischen im Denken nicht nur des einfachen Mannes, sondern auch der Gelehrten in der Epoche des Humanismus und der Reformation belegen die beiden Texte von Agrippa und Paracelsus. Vorausgeschickt ist der Versuch einer Definition der magischen Praktiken.

Ihr Wirklichkeitsbezug, d. h. ihre konkrete Anwendung zeigt sich in dem authentischen Bericht über die mißlungene Beschwörung mittels des faustischen Höllenzwangs, der in vielen Drucken bis in unsere Gegenwart verbreitet war. Die sog. Jenaer Christnachttragödie ist auch an anderer Stelle überliefert (vgl. ›Die Sagen der monathlichen Unterredungen Otto Grabens zum Stein‹, hrsg. von W.-E. Peuckert, de Gruyter, Berlin 1961, Nr 174, S. 253 ff.; um 1740).

III. Unter literarhistorischem und stoffgeschichtlichem Aspekt zeigen die Texte der dritten Gruppe, wie bereits kurz nach dem Tode Fausts eine ›Legendenbildung‹ einsetzt. Für die Rezeptions- und Wirkungsgeschichte des Fauststoffes ist nicht nur die ›Fortsetzung‹ im Wagnerbuch bedeutsam, die zweifellos einen Trend ausnutzen will, sondern auch das Weiterleben des Fauststoffes in der volkstümlichen Sagentradition, wobei man von einer wechselseitigen Beeinflussung der literarischen und mündlichen Überlieferungen ausgehen muß.

I. Lebenszeugnisse und zeitgenössische Urteile zur Gestalt Fausts

1. Johannes Trithemius: An Johann Virdung

(20. August 1507)

Trithemius, eigentlich Johannes Heidenberg, nach seinem Geburtsort Trittenheim bei Trier benannt (1462–1516), war von 1485 bis 1506 Abt des Benediktinerklosters Sponheim bei Kreuznach, danach Abt des Schottenklosters St. Jakob zu Würzburg. Als gelehrter Humanist befaßte er sich mit Okkultismus und verfaßte zahlreiche literarische und magische Schriften, wobei er freilich nicht vor Übertreibungen und Fälschungen zurückschreckte. Wie Albertus Magnus, Paracelsus u. a. schrieb man ihm magische Fähigkeiten zu.

Johann Virdung aus Haßfurth war Mathematiker und Astronom; er hatte sich bei Trithemius nach Faust erkundigt, dessen Besuch er erwartete.

Faust hatte sich den Beinamen »Sabellicus« des 1506 verstorbenen Gelehrten Coccinus angeeignet, der sich nach dem wegen seiner Wahrsagekünste berühmten altitalienischen Volk der Sabiner (Sabeller) nannte.

Jener Mensch, über welchen du mir schreibst, *Georg Sabellicus,* welcher sich den Fürsten der Nekromanten zu nennen wagte, ist ein Landstreicher, leerer Schwätzer und betrügerischer Strolch, würdig ausgepeitscht zu werden, damit er nicht ferner mehr öffentlich verabscheuungswürdige und der heiligen Kirche feindliche Dinge zu lehren wage. Denn was sind die Titel, welche er sich anmaßt, anders als Anzeichen des dümmsten und unsinnigsten Geistes, welcher zeigt, daß er ein Narr und kein Philosoph ist? So machte er sich folgenden ihm konvenierenden Titel zurecht: *Magister Georg Sabellicus, Faust der Jüngere,* Quellbrunn der Nekromanten, Astrolog, Zweiter der Magie, Chiromant, Aeromant, Pyromant, Zweiter in der Hydromantie. – Siehe die törichte Verwegenheit des Menschen; welcher Wahnsinn gehört dazu, sich die Quelle der Nekromantie zu nennen! Wer in Wahrheit in allen guten Wissenschaften unwissend ist, hätte sich lieber einen Narren denn einen Magister nennen sollen. Aber mir ist seine Nichtswürdigkeit nicht unbekannt. Als ich im vorigen Jahre aus der Mark Brandenburg zurückkehrte, traf ich diesen Menschen in der Nähe der Stadt Gelnhausen an, woselbst man mir in der Herberge viele von ihm mit großer Frechheit ausgeführte Nichtsnutzigkeiten erzählte. Als er von meiner Anwesenheit hörte, floh er alsbald aus der Herberge und konnte von niemand überredet werden, sich mir vorzustellen.

Wir erinnern uns auch, daß er uns durch einen Bürger die schriftliche Aufzeichnung seiner Torheit, welche er dir gab, überschickte. In jener Stadt erzählten mir Geistliche, er habe in Gegenwart vieler gesagt, daß er ein so großes Wissen und Gedächtnis aller Weisheit erreicht habe, daß, wenn alle Werke von Plato und Aristoteles samt all ihrer Philosophie durchaus aus der Menschen Gedächtnis verlorengegangen wären, er sie wie ein zweiter Hebräer Esra durch sein Genie sämtlich und vorzüglicher als vorher wiederherstellen wolle. Als ich mich später in Speyer befand, kam er nach Würzburg und soll sich in Gegenwart vieler Leute mit gleicher Eitelkeit gerühmt haben, daß die Wunder unseres Erlösers Christi nicht anstaunenswert seien; er könne alles tun, was Christus getan habe, so oft und wann er wolle. In den Fasten dieses Jahres kam er nach Kreuznach, wo er sich in gleicher großsprecherischer Weise ganz gewaltiger Dinge rühmte und sagte, daß er in der Alchimie von allen, die je gewesen, der Vollkommenste sei und wisse und könne, was nur die Leute wünschten. Während dieser Zeit war die Schulmeisterstelle in gedachter Stadt unbesetzt, welche ihm auf Verwendung von Franz von Sickingen, dem Amtmann deines Fürsten, einem nach mystischen Dingen überaus gierigen Manne, übertragen wurde. Aber bald darauf begann er mit Knaben die schändlichste Unzucht zu treiben und entfloh, als die Sache ans Licht kam, der ihm drohenden Strafe. Das ist es, was mir nach dem sichersten Zeugnis von jenem Menschen feststeht, dessen Ankunft du mit so großem Verlangen erwartest.

Johannes Trithemius: Epistolae familiares. Haganoae 1536, S. 312ff. Auch: Alexander Tille (Hrsg.): Die Faustsplitter in der Literatur des 16.–18. Jahrhunderts ... Verlag Emil Felber, Berlin 1900, Nr. 1, S. 11ff. Zitiert nach der Übersetzung aus: Deutsche National-Litteratur, historisch-kritische Ausgabe, Band 25: Volksbücher des 16. Jahrhunderts, S. 148 f.

2. Conradus Mutianus: An Henricus Urbanus

(3. Oktober 1513)

Conradus Mutianus Rufus, humanistischer Gelehrter, lebte von 1503 bis 1526 in Gotha. Der Brief geht an seinen Schüler, der seit 1510 am Erfurter Hof lebt. Faust wird hier als »Helmitheus Hedelbergensis«, Halbgott aus Heidelberg, bezeichnet.

Vor acht Tagen kam ein Chiromant nach Erfurt, namens Georgius Faustus Helmitheus Hedelbergensis, ein bloßer Prahler und Narr. Seine Kunst, wie die aller Wahrsager, ist eitel und eine solche Physiognomie leichter als eine Wasserspinne. Die Unkundigen staunen ihn an. Gegen ihn sollten sich die Theologen erheben, statt daß sie den Philosophen Reuchlin (wegen seines ›Augenspiegels‹) zu vernichten suchen. Ich hörte ihn im Wirtshause schwatzen; ich habe seine Anmaßung nicht gestraft; denn was kümmert mich fremde Torheit?

Wilhelmus Ernestus Tentzelius: Suplementum Historiae Gothanae Primum Conradi Mutiani Rufi ... Jenae 1707, S. 95. Auch: Tille (Hrsg.), s. o., Nr. 2, S. 3ff. Zitiert nach der Übersetzung aus: Deutsche National-Litteratur, Band 25, s. o., S. 149.

3. Aus dem Rechnungsbuch des Fürstbischofs Georg III. von Bamberg

(12. Februar 1520)

Beleg über das Honorar für ein Horoskop, das sich der Kirchenfürst von Faust stellen ließ.

Item X gulden geben und geschenckt Doctor Faustus ph[ilosoph]o zuvererung hat m[einem] g[nedigen] herren ein nativitet oder Indicium gemacht, zalt am Sontag nach stolastice. Jussit R[everendissi]mus.

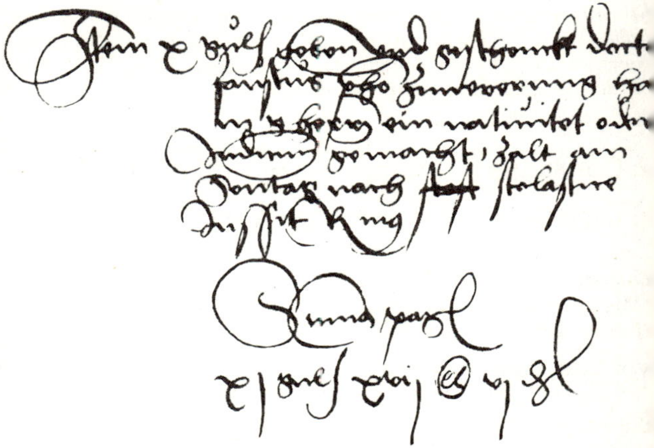

Johann Mayerhofer: Faust beim Fürstbischof von Bamberg. In Vierteljahresschrift für Literaturgeschichte 3 (1890), Heft 1, S 177 f. Auch: Franz Neubert: Vom Doctor Faustus zu Goethe. Faust. J. J. Weber, Leipzig 1932, S. XIII und 15.

4. Aus Ingolstädter Ratsprotokollen

(17. Juni 1528)

Protokoll des Ratsbeschlusses

Anheut mitwoch nach Viti anno 1528 dem warsager sol befolchen werden, dz er zu der stat ausziech und seinen pfennig anderswo verzer.

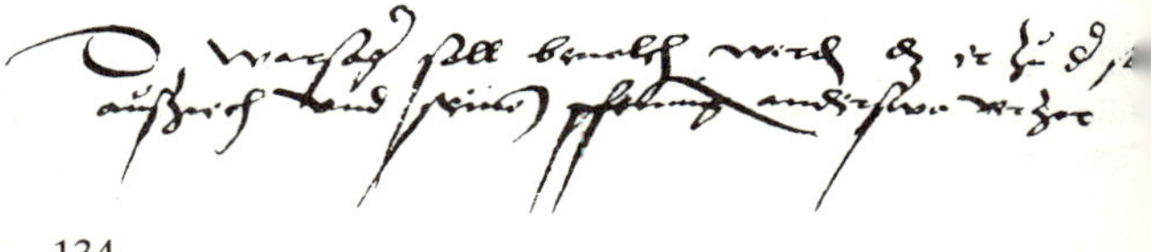

Protokoll der Ausweisung

Am mitwoch nach Viti Anno 1528. Ist ainem der sich genant Doctor Jörg faustus von Haidlberg gesagt, dz er seinen pfennig anderswo verzer, und hat angelobt, solche ervorderung für die obrigkeiht nit zu anthen noch zu äffern.

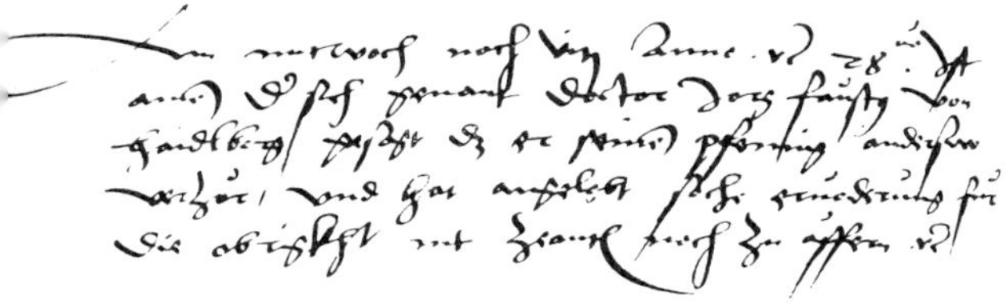

Ostermair: Zur Faust-Sage. Doctor Faust 1528 in Ingolstadt. In: Oberbayerisches Archiv für vaterländische Geschichte 32 (1872/73), Heft 2/3, S. 336. Auch Franz Neubert: Vom Doctor Faustus zu Goethes Faust, s. o., S. XIII und 18.

5. Aus dem Wettertagebuch des Priors Kilian Leib aus Rebdorf

(Juli 1528)

Georgius Faustus von Helmstedt hat am 5. Juni (1528) gesagt, »wann Sonne und Jupiter in ein und demselben Sternzeichen stehen, dann werden Propheten geboren« (nämlich [solche] seinesgleichen). Er hat sich als Komtur oder als Lehrer eines kleineren Ordenshauses der Johanniter ausgegeben, an der Grenze Kärntens gelegen, das Hallestein genannt wird.

Karl Schottenloher: Der Rebdorfer Prior Kilian Leib. In: Riezler Festschrift. Beiträge zur bayerischen Geschichte. Gotha 1913, S. 92 f.

6. Bericht in der Zimmerischen Chronik

(um 1565)

Es ist auch umb die zeit (1541) der Faustus zu oder nit weit von Staufen, dem stetlin im Breisgeu, gestorben. Der ist bei seiner zeit ein wunderbarlicher nigromanta gewest, als er bei unsern zeiten hat mögen in deutschen landen erfunden werden, der auch sovil seltzamer hendel gehapt hin und wider, das sein in vil jaren nit leuchtlichen wurt vergessen werden. Ist ain alter mann worden und, wie sagt, ellengclich gestorben. Vil haben allerhandt anzeigungen und vermuetungen noch vermaint, der bös gaist, den er in seinen lebzeiten nur sein schwager genannt, hab ine umbbracht. Die buecher, die er verlasen, sein dem herren von Staufen, in dessen herrschaft er abgangen, zu hand den worden, darumb doch hernach vil leut haben geworben und daran meins erachtens ein sorgclichen und ungluckhaftigen schatz und gabe begert. Den munchen zu Luxhaim im Wassichin hat er ain gespenst in das closter verbannet, desen sie in vil jaren nit haben künden abkommen und sie wunderbarlich hat molestirt, allein der ursach, das sie ine einsmals nit haben wellen übernacht behalten, darumb hat er inen den unreubigen gast geschafft ...

Karl August Barack (Hrsg.): Zimmerische Chronik. Band III, Tübingen 1869, S. 604.

II. Realität des Magischen im Volksglauben

1. Leander Petzoldt: Weiße und schwarze Magie

(1978)

[. . .] Was Magie in erster Linie bestimmt, ist ihr instrumentaler Charakter, die ›Praxis‹, die freilich erst wirkungsmächtig ist innerhalb eines mehr oder weniger differenzierten kollektiven Glaubenssystems.

Dieser instrumentale Charakter ist an einige Grundvoraussetzungen gebunden. Im allgemeinen wird zwischen ›weißer‹ und ›schwarzer‹ Magie unterschieden. Weiße Magie besitzt einen positiven Aspekt, da sie meist in öffentlich, gemeinschaftlich durchgeführten Ritualen besteht, die dem Nutzen der Gruppe dienen sollen (Regenzauber, Abwehr von vermeintlichen oder wirklichen Gefahren durch magische Praktiken, Jagdrituale, magische Tötung außerhalb der Gemeinschaft stehender Personen). Dabei ist zu beachten, daß die Begriffe Magie und Zauber meist unkritisch und synonym verwendet werden.

Die schwarze Magie dient egoistischen Zwecken, die nur dem einzelnen, Magie-Ausübenden zugute kommen sollen: Schadenszauber, der sich auf die Beseitigung oder Behinderung eines Nebenbuhlers richtet, Liebeszauber, der den Geliebten geneigt machen soll, wie auch sämtliche in den Hexenprozessen erscheinenden Gravamina, Milchzauber, Wetterzauber u. ä. Werden suggestive oder parapsychologische Fähigkeiten, Magnetismus bzw. physikalische Kräfte zu magischen Praktiken benutzt, so spricht man von der ›magia naturalis‹. Das 15. bis 17. Jahrhundert mit seinen zunächst tastenden Versuchen, Natur zu bewältigen, war häufig versucht, Naturerkenntnisse zu magischen Zwecken zu nutzen.

Ein elementarer Aspekt der Magie ist der Sympathieglaube, der aus der schon in der Antike bekannten Lehre von der »Sympathie des Alls« begründet ist und von der archaischen Anschauung ausgeht, »daß Mensch und Natur im Wesensgrunde identisch seien und alles in der Natur mit allem verwandt«, wie Eduard Spranger diese Bewußtseinshaltung beschreibt. Auf diesem Sympathieglauben beruht die sympathetische Magie bzw. die magischen Prinzipien: Gleiches bewirkt Gleiches (similia similibus); das Prinzip des Gegensatzes (contraria contrariis), weiterhin die kontagiöse Magie (Berührungszauber), der der Glaube zugrunde liegt, daß ein äußerlicher Kontakt auch zu einer inneren Beziehung führe bzw. Dinge, die einmal zusammengehörten, etwas von der Essenz des Ganzen auch nach der Trennung enthalten. Dies führt unmittelbar auf den Grundsatz des Pars pro toto als Ausdrucksform der mystischen Partizipation: Was einem Teil geschieht, geschieht auch dem Ganzen; d. h., Nägel, Haare des Menschen sind ein Teil von ihm und sind mit seiner Lebenskraft verbunden. Die imitative Magie beruht auf der äußeren Ähnlichkeit von Erscheinungen und folgert daraus deren innere Übereinstimmung (Analogiezauber). Hier liegen jedoch keine kausalen Beziehungen vor, sondern assoziative Schlußfolgerungen, die auf äußerlichen Analogien beruhen. Es wird weiterhin unterschieden zwischen »positiver« Magie, die etwa einem Talisman eignet, der als krafthaltiger Gegenstand seinem Besitzer Glück verleihen soll, und »negativer« Magie, einem Amulett etwa, das apotropäische Bedeutung hat und böse Einflüsse abwehren soll. [. . .]

Leander Petzoldt: Magie und Religion. Beiträge zu einer Theorie der Magie. (Wege der Forschung, Band 337.) Wissenschaftliche Buchgesellschaft, Darmstadt 1978, S. VIII f. Ausschnitt.

2. Heinrich Cornelius Agrippa: [Naturwissenschaft statt Wunderglaube]

(Der Verfasser lebte von 1486 bis 1535)

Wenn somit ein tüchtiger Magier natürliche Philosophie und Mathematik und sämtliche diesen beiden verwandte Hilfswissenschaften, als Arithmetik, Musik, Geometrie,

Optik, Astronomie, die Eigenschaften der Gewichte, Maße, Verhältnisse, Gliederungen und Verbindungen, sowie die aus solchen hervorgehende Mechanik gründlichst kennen muß, wie kann man sich wundern, daß ein solcher, den übrigen Menschen an Kunst und Geistesbildung weit voranstehender Mann viel Staunenswertes bewirke, das auch von sonst ganz verständigen und klugen Leuten für unmöglich gehalten wurde? Gibt es denn nicht noch heut zu Tage Überbleibsel von alten Werken, wie von den Säulen des Herkules, Alexanders, die caspischen ehernen Tore, durch eiserne Balken verriegelt, so daß kein Witz, keine Kunst sie zu öffnen vermag? Und Julius Cäsars Pyramide neben dem Vatikan zu Rom? Und die mitten im Meere künstlich aufgetürmten Berge und darauf erbauten Schlösser, – steinerne Dämme, mit unglaublicher Kunst ausgeführt, wie ich sie selbst in Britannien sah? – Bei treuen Geschichtsschreibern lesen wir von durch gleiche Kunstanwendung gespaltenen Felsen, ausgefüllten Tälern, geebneten Bergen, durchhöhlten Steinlagen, dem Meere erschlossenen Vorgebirgen, den ausgewühlten Eingeweiden der Erde, abgeleiteten Flüssen, vereinigten Meeren, zurückgedrängten Fluten, durchsuchten Meerestiefen, ausgeschöpften Seen, trockengelegten Sümpfen, von Schöpfungen neuer Inseln und von Verbindung anderer mit dem Festlande. Wiewohl nun dieses alles mit der Natur zu streiten scheint, so ist es dennoch geschehen, und noch heute erkennen wir davon die Spuren. Das Volk schreibt solche Werke, deren Art der Ausführung, sowie die Namen ihrer Verfertiger nicht auf uns gekommen sind, und weil niemand sich vorfindet, der sie verstände und begriffe, dem Teufel selber zu. Ist dies aber nicht selbst eine wunderbare Erscheinung, daß man das, was man nicht versteht, den Dämonen überläßt oder für Wunder ausschreit, während dies alles bloß Erzeugnisse natürlicher oder mathematischer Wissenschaften sind?

Heinrich Cornelius Agrippa: Die Cabbala. Stuttgart 1855, S. 51 f.

3. Theophrastus Paracelsus: [Magia naturalis und religiöser Glaube]

(Der Verfasser lebte von 1493 bis 1541)

Magica ist an ihr selbst die verborgenste Kunst und größte Weisheit übernatürlicher Dinge auf Erden. Und was menschlicher Vernunft zu erfahren und zu ergründen unmöglich ist, das kann durch diese Kunst der magica erfahren und ergründet werden. Denn sie ist eine große und verborgene Weisheit, während die Vernunft eine große öffentliche Torheit ist. Darum auch wäre es gut und hoch von nöten, daß die theologi auch etwas davon zu sagen wüßten, und auch erführen was magica wäre, und sie nicht so unbilligerweis, unergründet eine Zauberei nennten. Denn magica wäre ihnen, alldieweil sie ja der Schrift doctores und Meister sein wollen, wie sie sich selbst überreden, sehr dienlich. Wiewohl ich nicht meine, daß sie in magica laborieren oder sich derselben gebrauchen sollten, sondern daß sie darin eine gute Kenntnis hätten und ihren Effekt und Tugend wüßten – wegen der hohen großen Mysterien, die in der Hl. Schrift verborgen, und durch die Apostel, Propheten und durch Christum selbst geredet worden sind, welches wir mit unserer Vernunft weder verstehen noch ergründen können.

Denn welcher theologus, (der nicht auch magiam verstanden hat), hat einen Teufel ausgetrieben oder sonst einen Geist vertrieben oder zu sich gebracht? Oder, was noch viel weniger und geringer ist, daß er einen Kranken gesund gemacht hätte oder sonst eine Hilfe getan, allein durch seinen Glauben? Ich schweige, daß er mit ihm einen großen Berg versetzt und gar ins Meer geworfen hätte. Daraus folgt, daß sie diesen Glauben, von dem Christus spricht, selbst weder wenig noch viel verstehen, und fährt ihnen doch täglich im Maul herum; sie reden und lehren viel davon und wissen ihn doch selbst nicht zu probieren und mit ihm ein Zeichen zu tun, so daß man sagen könnte, sie verstünden den Glauben und wüßten denselbigen zu gebrauchen und zu bewähren. Und wann ein anderer kommt, der durch ihn ein Zeichen tut, es sei gleich gut oder

bös, heißen sie ihn einen Zauberer, alldieweil es über ihre Vernunft und menschliche Weisheit ist, und wissen magiam und Zauberei nit zu unterscheiden.
Aber da ist Aufmerkens hoch von nöten, daß derselbige Glaube nicht zu einem Aberglauben oder Mißbrauch werde, dem Menschen zum Verderben und Schaden. Denn so wird eine Zauberei daraus, und wird alsdann von männiglich nit unbillig Zauberei genannt. Wie denn alle Hexen tun, die sich in diese Kunst eingeflickt, sich darinnen geübt, und sich mit ihr umgeben, wie eine Sau im Kot.

Theophrastus Paracelsus: Magia naturalis. In: Werke, Band 5, hrsg. von W.-E. Peuckert. Wissenschaftliche Buchgesellschaft, Darmstadt 1968, S. 123 f.

4. [Die Jenaer Christnachttragödie]

(1715)
[...] Einen jungen Studenten der Artzney Gelahrtheit, Namens Johann Gotthard Weber, erzehlete ein Schneider in Jena, Georg Heichler genannt, im Vertrauen, daß ein Schäfer zu Dobritzschen, eine Meile von Jena belegen, Namens Hans Friederich Geßner, einen großen Schatz wüßte. Dieser Schatz stünde, wie der Schäfer berichtete, in seinem des Schneiders, ohnweit dem Galgen gelegenen Weinberge, und zum Beweis dessen, ließe sich daselbst öfters eine weiße Frau sehen. Der Schneider gab ferner vor, es fehle dem Schäfer, zu Hebung des Schatzes, nur an der Springwurtzel, und an Doctor Fausts Buche, Höllenzwang genant. Der Student versprach beydes zu schaffen, machte sich auch mit dem Schäfer bekant. Es gesellete sich ein listiger Bauer, mit Namen Hans Zenner, in dem Dorfe Ammerbach, eine halbe Meile von Jena wohnend, zu ihnen. Nachdem diese drey Leute etlichemal eine Zusammenkunft gehalten, und von den Anstalten, die sie bey Beschwerung des Satans zu machen hätten, sich mit einander beredet, gingen sie endlich am Weyhnachts heiligen Abend bemeldten Jahrs, abends um 9 Uhr mit einer Leuchte und zwey Talch- oder Unschlit Lichtern aus

Ammerbach nach des Schneiders Weinberg Häuslein zu. Ehe sie hinein treten, fordern die beyden Bauren die drey Magischen Siegel dem Studenten Weber ab. Der Student schrieb auch mit Bleyweis das Wort *Tetragrammaton* auswendig über die Thür des Häusleins. Ehe sich die liederliche Gesellschaft niedersetzte, beteten sie laut ein Vater Unser. Nachdem dies geschehen, haben sie mit des Studenten Degen einen Creis oben an der Decke des Häusleins gemacht, und den Degen hernach unter sich in die Bretter des Bodens gesteckt. Nach 10 Uhr Abends nahmen sie die Beschwerung vor. Die schändliche Handlung daurete ohngefehr eine Stunde. Mittlerweile durften sie, ihrer thörichten Meinung nach, sonst kein Wort mit einander reden. Vorher hatten sie die Kohlen, welche sie daselbst in einem Gartenscherbel oder Blumentopf gefunden, und die vermutlich von dem Schneider aus der Stadt Jena dahin geschaffet waren, angezündet, damit sie sich dabey wärmen könten. Hierauf ging die Beschwerung an. Geßner so wol als der Student Weber gebrauchten einerley Formeln. Erstlich nenneten sie die Worte *Tetragrammaton, Adonai Agla, Jehova* und andere Namen GOTTES. Ferner beschwuren sie den Och aus dem Reiche der Sonnen als Fürsten, daß er ihnen auf ihr Verlangen den unter seiner Botmäßigkeit stehenden Geist *Nathael* in sichtbarlicher und menschlicher Gestalt stellen solte, damit solcher ihnen zu Hebung der Schätze behülflich seyn mögte. Geßner beschwur den Och dreymal, und zwar so, daß er die Worte auswendig hersagte. Der Student Weber aber, lase die Beschwerungsworte aus Faustens Höllenzwang einmal völlig her. Ehe er es aber zum andern und dritten mal wiederholen konte, kam er außer sich selbst, das Gesichte verging ihm, daß er nicht mehr lesen konte, und wie er nachgehends erzehlet hat, fiel er gleichsam in einen Schlaf. Als er sich mit dem Kopf auf den Tisch gelegt, sind die beyden Bauren noch gesund gewesen. Des andern Tages, als am ersten Weihnachtstage, wird Georg Heichlern, als er in der Nachmittagspredigt ist, angst und bange. Er läuft daher nach geendigtem Gottesdienst hinaus in den Weinberg, und bekommt daselbst folgenden traurigen Anblick.

Der Student Weber lag auf der Banck hinter dem Tische, und zwar so, daß der rechte Fuß unten auf dem Fußboden aufstunde, und der bloße Degen mit der Spitze aufwärts gegen den Unterleib aufgerichte stand, da er doch vorher, wie wir oben gehöret, von den Schatzgräbern, mit der Spitze in den Boden gesteckt war. Als man dem Weber bey seinem Namen rief, konte er nicht antworten; sondern machte nur ein Gebrülle mit einem fürchterlichen Gesichte und Minen. Die beyden Bauren aber lagen todt, Hans Friedrich Geßner auf des Student Webers rechten Seite, mit dem Kopfe auf dem Tische liegend; Hans Zenner aber zur Lincken unter dem Tische bey der Banck. Der Student wurde noch selbigen Abend in ein Wirthshaus gebracht, und etwas erquicket. Nachdem er sich erhohlet, ist er wegen dessen, was mit ihnen vorgegangen, gerichtlich befraget worden. Er hat aber nicht sagen können, ob ein Geist erschienen sey oder nicht, ingleichen hat er nicht erzehlen können, was mit ihm und den beyden todten Bauren die Nacht hindurch weiter vorgegangen. Die beyden todten Bauren wurden gleich in das Pestilentz Haus bey Jena gebracht. Der Student Weber wurde indessen gefänglich bewahret, und in der Gefangenschaft hat er der Obrigkeit obstehende Erzehlung und Aussage gethan. Hierauf wurden den 11. Januar um 10 Uhr Vormittags die beyden todten Cörper der Bauren, nemlich Hans Friedrich Geßners, und Hans Zenners, undter Vortretung der Gerichtsfolge, Nachtwächter und Kohlenträger, auch unter Begleitung zweyer Scharffrichter und deren beyden Knechten auf einer Schinderschleiffe aus dem Pestilentzhause weg, durch die Stadt über den Marckt nach den Galgen zugeführet, und daselbst tief eingescharret. Dem Student Weber ist, nach geschehener weitern Untersuchung der Oberkeit, von der hochlöblich Juristen Facultät zu Leipzig die Relegation auf ewig, und dem Schneider Heichler die Landsverweisung auf 10 Jahr zuerkant worden.

Heinrich Carl Schütze: Vernunft- und Schriftmäßige Abhandlung von Aberglauben, Nebst einem Anhang von Astral-Geist. Wernigerode 1757, S. 83ff.

5. Titelblatt und Auszüge aus ›Doctor Fausts großer und gewaltiger Höllenzwang‹

I.

Doctor Faust's

großer und gewaltiger

Höllenzwang.

Mächtige Beschwörungen

der höllischen Geister

besonders des

Aziels,

daß dieser Schätze und Güter von allerhand Arten gehorsamvoll, ohne allen Aufruhr, Schreckensetzung und Schaden vor den gestellten Krays seiner Beschwörer bringen und zurücklassen müsse.

Prag, in Böhmen

gedruckt in dem Jesuiter=Collegio *).

Uranus=Verlag Max Duphorn
Bad Oldesloe

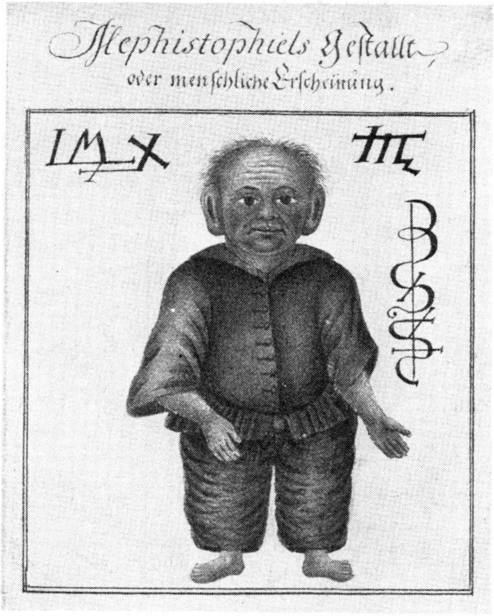
Mephistophiels Gestallt,
oder menschliche Erscheinung.

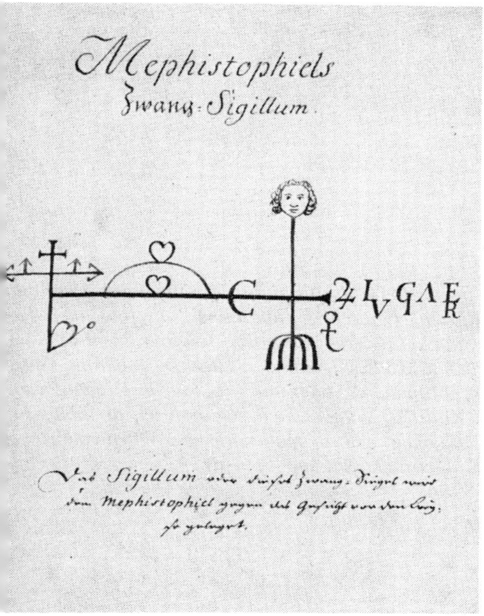
Mephistophiels
Zwang-Sigillum.

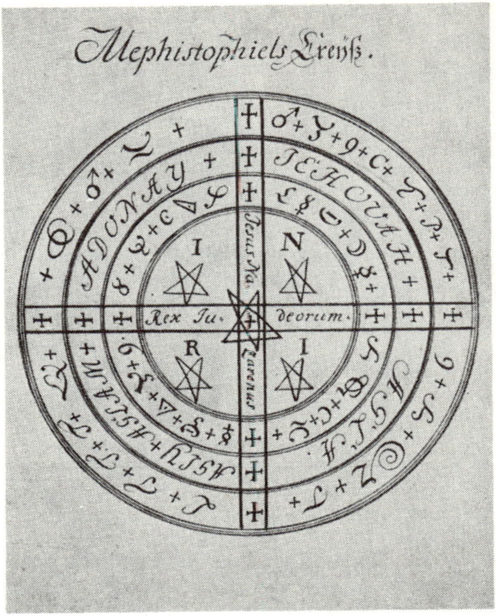

Die Bilder der Seiten 145–146 sind der in der Weimarer Landesbi bliothek befindlichen Handschrift entnommen, die folgenden Tite trägt: Praxis Cabulae Nigrae Doctoris Johannis Faustii Mag Celeberrimi. Passau MDCXII. Zweiter Titel: D. Johannis Faust Magia Naturalis et Innaturalis oder unerforschlicher Höllen-Zwan das ist Miracul-Kunst u. Wunderbuch wodurch ich die höllische Geister habe bezwungen, daß sie in allen meinen Willen vollbringe haben müssen. Gedruckt Passau Aō. 1612. Unsere Vorlage Neubert, s. o., S. 46.

III. Zur Entwicklung des Fauststoffes

1. Lutz Mackensen: Die deutschen Volksbücher

(1927)

[. . .] Es ist für die Beurteilung des Buches nebensächlich, ob es die erste Sammlung von Faustanekdoten oder im Gegenteil nur das letzte Glied einer langen Entwicklungskette darstellt, die von einem lateinischen Urtext über zwei deutsche Bearbeitungen zu ihm führt, wie man nicht eben mit unbedingter Glaubwürdigkeit nachzuweisen versucht hat[1]. So oder so gesehen, stellt sich der Faustroman als eine von ungeschickter Hand zusammengefügte Kompilation dar, die in ihrem dritten Teil, ganz in der Art des Eulenspiegels, Zauberschwänke des Helden ohne besondere innere Verbindung aneinanderreiht, sich aber damit nicht genug sein läßt, sondern in zwei einleitenden Kapiteln allerlei Material über magische Begebenheiten zusammenhäuft, das ihrer protestantisch- und moralisch-tendenziösen Absicht gelegen kommt. Das harte Urteil, das Milchsack über das Werk fällt, entbehrt nicht tieferer Begründung: ein roh zusammengewürfeltes Material, roh eingeteilt nach ganz äußerlichen Gesichtspunkten, überall Längen und Wiederholungen, Unklarheiten und Widersprüche gerade an Stellen, wo wir meinen, den faustischen Genius hervorbrechen sehen zu müssen, das Ganze übergossen mit einer wässerigen moralisierenden Brühe und in einer Sprache, so ungelenk und stilistischer Klarheit und Rundung so sehr entbehrend, daß man trotz oft eingestreuter theologischer Brocken zweifelt, ob der Schreiber wirklich eine theologische und überhaupt eine gelehrte Bildung empfangen habe[2]; diesen Tatsachen gegenüber bleiben alle Ehrenrettungsversuche, so temperamentvoll und begeistert

---

1) R. Petsch: Die Entstehung des Volksbuchs vom Doktor Faust, S. 216 ff.
2) G. Milchsack: Historia D. Johannes Fausti des Zauberers nach der Wolfenbütteler Handschrift. Wolfenbüttel 1892, S. XIII.

sie auch geführt wurden, ohne Aussicht auf tieferen Erfolg[3]. Der Verfasser sieht seinen Ehrgeiz durchaus nicht darin, eine einheitliche Darstellung des Zauberers und Menschen zu bieten; die verschiedenartigen Quellen, die er aneinanderfügt, stimmen nicht zusammen, so ergibt sich ein zwiespältiges, widerspruchsvolles Bild. Rastloser Philologenarbeit ist es gelungen, die unbekümmerte Arbeitsweise des Verfassers fast völlig aufzudecken: wir wissen, woher er das Material für Fausts Reisen genommen hat[4], wissen, daß der Lucidarius[5] und andere Werke seiner Art Quelle für die naturwissenschaftlichen Stellen sind[6], daß er die einzelnen Länder eines nach dem andern nach den Kapitelüberschriften von Sebastian Münsters ›Mappa Europae‹ (1536) aufzählt, unter Zuhilfenahme von Jobsts ›Chronologia‹ (1536)[7], daß die Verse aus der Aurifaberschen Ausgabe der Tischreden Luthers[8], die poetische Stelle von der Adlerflügeln, die Faust an sich nimmt, aus Luthers Bibel stammen. Hartmann Schedels Chronik liefert theologische, astronomische und geographisch-historische Zutaten[9], Hondorffs ›Promptuarium exemplorum‹ (Ausgabe von 1572) wird benutzt[10], die Liste der Fische

---

(3) A. Seeger: Das Faustbuch von 1587. Programm des Victoriagymnasiums Burg 1905, S. 13, sieht als Grundmotive die Faustsche Forscheridee: »Ein begabter junger Theologe verschreibt sich aus heißer Wißbegier dem Teufel, wird von ihm in die Geheimnisse der überirdischen und irdischen Welt eingeführt, bis er nach Ablauf der Vertragsfrist von 24 Jahren dem Satan verfällt.« Er ist besonders beeinflußt von W. Meyer: Nürnberger Faustgeschichten. Münchener Sitzungsberichte, Phil.-Hist. Klasse XX 1897, der S. 371 dem Volksbuchverfasser ziemlich viel Talent zuspricht »Der Mann hat versucht, ein Seelengemälde zu zeichnen.«

(4) G. Ellinger: Zu den Quellen des Faustbuches von 1587. Zeitschrift für Vergleichende Literaturgeschichte. N. F. (1887/88), S. 156ff.

(5)* Belehrendes Volksbuch geographischen Inhalts.

(6) S. Szamatólski: Kosmographisches aus dem Elucidarius. Vierteljahrsschrift für Literaturgeschichte I (1888), S 161 ff.

(7) H. Hartmann: Fausts Reisen. Vierteljahrsschrift für Literaturgeschichte I (1888), S. 183 f.

(8) Stuckenberger: Faustbuchquellen I, 189 f.; Fränkel: Entlehnungen im ältesten Faustbuch IV (1891), S. 361 ff.

(9) G. Milchsack: Historia D. Johannes Fausti, S. XXII.

(10) H. Wendroth: Hondorff als eine Quelle des Faustbuches. Euphorion XI (1904), S. 701 ff.

und Vögel, die Faust herbeizaubert, ist aus dem ›Dictionarium Latinogermanicum et vice versa germanicolatinum‹ (Straßburg 1535) abgeschrieben[11], Brants ›Narrenschiff‹, das ›Lexikon‹ des Petrus Dasypodius[12], Wolf Wambachs ›Erfurter Chronik‹[13] sind ausgebeutet; eine ›Historia‹ von Hans Sachs liefert den Beweis, daß die erzählten Anekdoten schon bekannt sind[14]. So geht der Verfasser weit über das Maß des Eulenspiegelautors hinaus; aber indem dieser seine Lesefrüchte mit Geschick dem überlieferten Stoffe einfügt, wahrt er die Einheitlichkeit des Ganzen, die bei jenem so oft verlorengeht. Faust – und mit ihm sein Trabant Wagner – bildet demnach das Extrem einer Arbeitsmethode, die, im ›Fortunat‹ angewandt, im Eulenspiegel ihren künstlerischen Höhepunkt erreicht. [. . .]

Lutz Mackensen: Die deutschen Volksbücher. Verlag Quelle & Meyer, Leipzig 1927, S. 115–117. Ausschnitt.

2. Johannes Gast: Sermones convivales[15]

(Basel 1548)

[. . .] In Basel speiste ich mit ihm in dem großen Kollegium. Er hatte dem Koch Vögel verschiedener Art zum Braten gegeben. Wo er sie gekauft hatte, oder wer sie ihm gegeben, weiß ich nicht, denn zu jener Zeit gab es keine zu kaufen, und ich hatte solche auch nie in unserer Gegend gesehen. Bei sich hatte er einen Hund und ein Pferd, von denen ich glaube, daß sie Teufel waren und bereit, alles auszuführen. Man hat mir gesagt, daß der Hund bisweilen die Form eines Dieners annehme und Eßwaren herbeischaffe. Aber der Ärmste nahm ein beklagenswertes Ende,

---

(11) A. Bauer: Faustbuchquellen. Vierteljahrsschrift für Literaturgeschichte I (1888), S. 190 ff.
(12) A. Bauer: Entlehnungen im ältesten Faustbuch (Anm. 11), IV (1891), S. 381 ff.
(13) S. Szamatólski: Faust in Erfurt. Euphorion II (1895), S. 39 ff.
(14) E. Schmidt: Faust und Luther. Berliner Sitzungsberichte. Phil.-Hist. Klasse 1896, I, 585 ff.
(15)* Tischreden.

denn er wurde vom Teufel erwürgt, und sein Leichnam lag auf der Bahre immer mit dem Gesicht nach unten, obwohl er fünfmal auf den Rücken gelegt wurde. [...]

Johannes Gast: Tomus secundus convivalium sermonum, partim ex probatissimis historiographis... Zitiert nach: Scheible: Das Kloster, V. Stuttgart 1847.

3. Johannes Manlius: Locorum communium collectanea[16]

Philipp Melanchthon im Gespräch mit seinem Schüler Johannes Manlius

(Basel 1563)

»Ich« – gemeint ist Philipp Melanchthon, dessen Gespräche sein Schüler Johannes Manlius veröffentlichte. »Wie auch der Nichtswürdige« – gemeint ist Agrippa von Nettesheim, von dem behauptet wurde, er werde vom Teufel in Gestalt eines Hundes begleitet. In der Tat besaß Agrippa einen Hund, von dem sein Schüler, Johannes Weier (Wierus), schreibt:

»Diesen Hund, der auf den Namen Monsieur hörte, kannte niemand besser, als ich, da ich ihn, wenn ich hinter Agrippa ging, an einem Stricke zu führen pflegte. Er war ein natürlicher Hund männlichen Geschlechts, dem Agrippa zuweilen in meiner Gegenwart eine Hündin, die er Mademoiselle nannte, zuführte. Jene Sage entstand, wie ich glaube, teils daher, weil Agrippa diesen Hund fast kindisch liebte, ihn oft küßte, bei Tische neben sich hatte, auch wohl nachts im Bette unter der Decke litt –, teils auch, weil er, obgleich er immer in seinem Studierzimmer steckte, so daß er kaum in acht Tagen einmal ausging, dennoch meist wußte, was in allen Ländern vorging. Dieses schrieben Einfältige schon, als ich bei ihm war, diesem Hunde zu, der ein Dämon sei, da er doch täglich Briefe von den gelehrtesten Männern aus allen Ländern erhielt.«

Ich kenne einen Namens Faust aus Kundling, welches eine kleine Stadt in der Nähe meiner Heimat ist. Als dieser ein

---

(16)* Sammlung von Redensarten.

Krakauer Student war, hatte er dort die Magie gelernt, wie denn vor Zeiten dieselbe da sehr im Schwange gewesen ist und es dort öffentliche Lehrstühle derselben gegeben hat. Er trieb sich planlos herum und redete geheimnisvolle Dinge. Als er zu Venedig ein Schaustück zeigen wollte, sagte er, er werde in den Himmel fliegen. Der Teufel hob ihn also in die Höhe und verletzte ihn so, daß er zu Boden gestürzt beinahe des Todes war, aber er kam noch mit dem Leben davon. Vor wenigen Jahren saß dieser selbe Johannes Faustus an seinem letzten Tage sehr betrübt in einem Dorfe des Herzogtums Württemberg. Der Wirt redete ihn an, warum er gegen seine Sitte und Gewohnheit traurig sei – denn er war sonst ein nichtswürdiger Lüdrian, von sehr lasterhaftem Lebenswandel, so daß er ein und das andere Mal durch seine Wollust beinahe zu Tode gekommen –, da sagte er dem Wirt in jenem Dorfe: Erschrick nur diese Nacht nicht. Mitten in der Nacht erbebte das Haus, und als Faust früh nicht aufstand und es schon Mittag war, zog der Wirt andere hinzu, ging in sein Zimmer und fand ihn neben dem Bett liegen mit verkehrtem Gesicht, so war er vom Teufel umgebracht worden. Als er noch lebte, hatte er einen Hund bei sich, der ein Teufel war, wie auch der Nichtswürdige, welcher ›Über die Nichtigkeit der Künste‹ geschrieben hat, einen Hund, der ein Teufel war, mit sich herumlaufen hatte. Dieser Faust ist in dieser Stadt Wittenberg entwischt, als der vortreffliche Fürst Herzog Johann den Befehl, ihn zu verhaften, gegeben hatte. So entkam er auch zu Nürnberg. Als er eben zu frühstücken angefangen hatte, geriet er in Angst, stand sogleich auf, bezahlte, was er dem Wirte schuldig war, kaum aber war er zur Thür hinaus, so kamen die Stadtknechte und suchten nach ihm. Derselbe Zauberer Faust, eine abscheuliche Bestie und Kloake vieler Teufel, prahlte von sich, daß alle Siege, welche die kaiserlichen Heere in Italien erfochten, von ihm mit seiner Magie zuwege gebracht worden seien. Das war aber eine überaus nichtige Lüge.

Johannes Manlius: Locorum communium collectanea. Der Erste Theil. Schöne ordentliche gattirung allerley alten und neuen Exempel ... Frankfurt 1565, S. 46f.

4. Johannes Weier (Wierus): De praestigiis daemonum – Von Teuffelsgespenst, Zauberern und Gifftbereytern/Schwartzkünstlern ...

Faustus ein berühmter Zauberer oder Schwartzkünstler

(Frankfurt 1586)

Als vor zeiten zu Cracau in Poln die Schwartzkunst inn offentlicher Schulen gelehrt und getrieben worden ist dahin kommen einer mit namen Joannes Faustus/von Kündtlingen bürtig/der hat dise schöne kunst in kurtzem so wol begrieffen/daß er hernach kurtz zuvor/ehe denn man geschrieben tausendt fünffhundert unnd viertzig/dieselbige mit grosser verwunderung/vielen lügen/und unseglichem betrug hin und wieder in Teutschland one scheu zutreiben unnd offentlichen zu practiciren/angefangen hat. Was für ein seltzamer Brillenreisser aber unnd Ebentheuer er gewesen/unnd was für seltzame stücklein er geköndt habe/ wil ich hie nur mit einem Exempel darthun dem Leser zum besten/doch mit dem bescheidt/daß er mir/er wölle es ihme nicht nachthun/zuvor verspreche und gelobe. Als uff ein zeit dieser schwartzkünstler Faustus seiner bösen stück halber zu Battoburg/welches an der Mose ligt/und mit dem Hertzogthumb Geldern grentzet/in abwesen Graff Hermans inn hafften kommen/hat ihme der Capellan deßorts/ Herr Johan Dorstenius/ein frommer einfältiger manne/vie liebs unnd gutes erzeiget/allein der ursach halben/dieweil er ime bey treuen und glauben zugesagt/er wölte ihn viel guten Künste lehren/und zu einem außbündigen erfahrnen mann machen. Derohalben/dieweil er sahe/daß Faustus dem Trunck sehr geneigt war/schickte er ime von hauß auß s lang Wein zu/biß das fäßlein nachließ und gar leer wurd. D aber der Zauberer Faustus das mercket/und der Capella auch sich annahm/er wolte gen Graven gehen und sic daselbst barbieren lassen/liesse er sich hören/wann er in mehr weins geben wolte/so wölt er ihn ein kunst lehren/d er on schermesser und alles deß barts abkommen solte. D nun der Caplan dz gleich eingienge/hieß er in schlecht au l' Apotecken hinnemen Arsenicum, und damit den bart ınd kinne wol reiben/und gedachte mit keinem wörtlein nit/ lz ers zuvor bereiten/und mit andern zusetzen brechen olte lassen. So bald er aber das gethan/hat ime gleich das inne dermassen angefangen zu hitzen und brennen/daß nit llein die haar im außgefallen/sondern auch die haut mit ampt dem fleisch gar abgangen ist. Diß Bubenstücklein ıat mir der Caplan mehr dann ein mal/aber allweg mit ewegtem mut selbst erzelet. Noch ein anderer ist gewesen/ len ich auch wol gekannt/der hatte einen schwartzen bart/ ınd war bräunlich von angesicht/von wegen seiner Melan-holischen Conplexion/wie er dann auch dero ursachen ıalben zeitlich am Miltzen sich ubel befande. Als dersel-ige den Zauberer Faustum auff ein zeit besuchte/sagte er rey offentlich zu ihme/Fürwar ich meinte nicht anders/dann lu werest mein schwager/meiner Schwester Mann/sahe dir lerhalben gleich nach den Füssen/ob du lange unnd rumme Klauen daran etwan herfür gucken hettest. Ver-lieche also den guten Mann/dieweil er schwartz war von Angesicht/als er zu ihm eintrat/dem Teuffel/und nennet enselbigen auch/wie sonst allweg sein gebrauch war/seinen chwager. Aber sein lohn ist ihme zu letzt auch worden. Dann/wie man sagt/so ist er in einem Dorff/im Wirtenberger andt/deß morgens neben dem Bette/tod gefunden worden/ nnd das Angesicht auff dem Rücken gehabt/und hat sich ieselbige nacht zuvor ein solch getümmel im Hauß erha-en/daß das gantze Hauß davon erzittert ist.

ohannes Weier: De praestigiis daemonum – Von Teuffelsgespenst auberern und Gifftbereytern/Schwartzkünstlern . . . Franckfurt am Mayn 1586, S. 93.

. Augustin Lercheimer[17]: Christlich Bedenken und Erinnerung von Zauberei

Speyer 1597)

. .] Hie muß ich auch von eim Zauberer, der nicht errlich, aber doch berühmt, vom Johans Fausten etwas eitläufig Meldung tun, dazu mich verursachet ein Buch, das von ihm ein Lecker[18], er sei, wer er wolle, neulich hat ausgegeben, damit vornehmlich die Schule und Kirche zu Wittenberg geschmähet und verleumdet. Saget, daß der Faust sei bei Weimar und Jena geboren, zu Wittenberg erzogen, instituiert Magister artium und Doctor theologiae gemacht. Habe daselbst in der Vorstadt beim äußeren Tor in der Schergassen Haus und Garten gehabt, sei im Dorfe Kimlich eine halbe Meile von Wittenberg vom Teufel erwürget in Beisein etlicher Magister Baccalarien und Studenten am Karfreitage. Dies alles ist böslich und bübelich erdichtet und erlogen. Wie er dann auch, der Lecker, seine Lügen und Unwissenheit damit entdecket, daß er schreibt, Faust sei bei den Grafen von Anhalt gewesen und hab da gegaukelt, so doch dieselbigen Herren nun über fünfhundert Jahr Fürsten und nicht Grafen sind. Den Faust aber hat der Teufel erst vor sechzig Jahren geholt. Wie reimt sich dies?

Er ist bürtig gewesen aus eim Flecken, genannt Knüttling, liegt im Württemberger Lande an der pfälzischen Grenze. War ein Weile Schulmeister unter Franz von Sickingen bei Kreuznach. Von dannen mußte er verlaufen von wegen begangener sodomia[19]. Fuhr darnach mit seinem Teufel in Landen umher, studierte die schwarze kunst auf der Hohen Schule zu Krakau. Kam gen Wittenberg, ward ein Zeitlang allda gelitten, bis ers zu grob machete, daß man ihn gefänglich wollte einziehen, da macht er sich davon. Hatte weder Haus noch Hof zu Wittenberg oder anderswo, war nirgend daheim, lebete wie ein Lotterbube, war ein Schmarotzer, fraß, soff und ernährete sich von seiner Gaukelei. Wie konnte er Haus und Hof da haben beim äußern Tor in der Schergassen, da nie keine Vorstadt gewesen und derhalben auch kein äußer Tor? Auch ist nie kein Schergasse da gewesen.

Daß man in solcher Universität einen solchen, den Melanchthon ein Scheißhaus vieler Teufel pflegte zu nennen,

---

(17)* Sein Name war eigentlich Herman Witekind. Lercheimer hatte in Wittenberg studiert und war Professor in Heidelberg.
(18)* Schelm. (19)* »Unzucht« mit Minderjährigen.

sollte zum Magister, ich geschweige zum Doctor theologiae gemacht haben, welches dem Grad und Ehrentitel ein ewige Schmach und Schandfleck wäre, wer glaubet das? Er ist vom Teufel erwürget in eim Dorfe im Land zu Württemberg, nicht bei Wittenberg zu Kimlich, da kein Dorf des Namens nirgend ist. Denn nachdem er ausgerissen, daß er nicht gefangen wurde, hat er nie dürfen gen Wittenberg wieder kommen.

In gemeldtes Dorf kam er an eim Feiertage zu Abend bekümmert und krank, weil die Stunde, ihm vom Teufel ihrem Geding nach bestimmt, nun vorhanden war. Findet im Wirtshaus eine Zeche Bauren sitzen mit großem Geschrei. Bittet derhalben den Wirt, daß er ihm ein besonders Kämmerlein eingebe. Als nun die Bauren je länger je mehr schreien, begehrt er von ihnen, sie wollen gemacher tun, seiner als eines Kranken verschonen. Da machen sie es desto mehr, wie die Bauren pflegen, wann man sie bittet. Da beweiset Faust seine letzte Kunst an ihnen: Sperret allen die Mäuler auf, daß sie sitzen und gaffen einer den andern an, kann keiner ein Wort reden. Zeigen und deuten zur Kammer auf den Gast, der Wirt sollte ihn bitten, daß er ihnen die Mäuler wieder ließe zugehen. Das geschiehet mit dem Geding, daß sie hinfort stille sein. Darauf machen sie sich alsbald davon. Zu Mitternacht höret der Wirt ein Gepolter ins Fausten Schlafkammer. Findet ihn morgens, daß ihm der Hals war umgedrehet und der Kopf vom Bette hing. Da und also ist Faust umkommen, nicht bei Wittenberg. Daß der Lecker vom Karfreitage saget, hat die Meinung, als wann in der Schule also gottlos und ruchlos die Jugend erzogen würde, daß sie auch an so heiligem Tage, da man das Leiden Christi betrachten sollte, dem teufelischen Handel nachginge.

Andere Eitelkeit, Lügen und Teufelsdreck des Buchs lasse ich ungereget. Diese habe ich darum angezeigt, daß michs sehr verdreußt und betrübet, wie viele andere ehrliche Leute, die wohlverdiente, hochrühmliche Schule, die seligen Männer Lutherum, Philippum und andere dermaßen zu schänden. Darum daß ich auch einst da studiert habe.

Welche Zeit noch bei vielen, da dieses Zauberes Tun, in Gedächtnis war. Es ist zwar nicht neue und kein Wunder, daß solche Schmäheschriften von bösen Leuten, unserer Religion Feinden, ausgegeben werden, das aber ist ein ungebührlich Ding und zu beklagen, daß auch unsere Buchdrucker dürfen ohne Scheu und Scham solche Bücher aussprengen und gemein machen, dadurch ehrliche Leute verleumdet, die fürwitzige Jugend, die sie zu Handen bekommt, geärgert und angeführt wird wie die Affen, zu wünschen (dabei sich dann der Teufel bald läßt finden) und zu versuchen, ob sie dergleichen Wunderwerk könne nachtun, unbedacht und ohngeachtet, was für ein Ende es mit Fausten und seinesgleichen genommen habe. Daß ich geschweige, daß die schöne edle Kunst, die Druckerei, die uns von Gott zu Gutem gegeben, dermaßen zum Bösen mißbrauchet wird. Das sei genug von dem.

Zitiert nach Tille, s. o., Band 25, S. 156.

6. Zacharias Hogel: Chronica von Thüringen und der Stadt Erffurth

(um 1550)

Hogels Chronik ist eine wichtige Quelle für die Sagenüberlieferung von Faust vor Erscheinen des Volksbuchs. Hogel berichtet von einer Homer-Vorlesung Fausts, bei der die antiken Helden leibhaftig erscheinen; auch habe Faust sich erboten, die verlorenen Komödien des Plautus und Terenz zu beschaffen. Auch das Motiv von Auerbachs Keller erscheint bei Hogel.

D. Fausten fragt der Juncker bald, wie er so geschwinde wiederkommen sey. Da ist mein Pferd gut dazu, sagt D. Faust: weil mich die herrn Gäste so sehr begehrt, und mir geruffen, hab ich ihnen wilfahren und erscheinen wollen, wiewol ich noch vor morgen wieder zu Prag seyn muß. drauf trincken sie ihm einen guten rausch zu, und, wie er sie fragt, ob sie auch gern einen frembden Wein mögen trincken, sagen sie, Ja. Er fragt, ob es Rheinfal, Malvasier, Spanischer oder Frantzenwein seyn solle. Da spricht einer[20], Sie sind alle gut, Bald fordert er ein börl, macht damit in dz Tischblat vier löcher, stopft sie alle mit pflöcklein zu, nimmt frische gläser, und zäpft aus dem tischblat jenerley Wein hinein, welchen er nennet, und trinckt mit ihnen darvon lustig fort. Indeßen läuft der Sohn im Hause in die stube; spricht, Herr Doctor, euer Pferd frißt wie wenns toll were: es hat mir schon etliche scheffel haber [gefressen] verschluckt, steht und sicht stets, wo sein mehr sey; ich wil ihm doch noch mehr geben, dz es satt habe. Last dz bleiben, sagt der Doctor, es hat gnung bekommen, es fräße euch alle euer futter vom boden, eh es voll würdt. Zur Mitternacht aber thut dz Pferd ein hellen Schrey, dz man es durch dz gantze hauß hört. Ich muß fort, sagt der Doctor; läst sich doch halten ein wenig, bis es zum andern, und letzt zum drittenmal schreyet. drauf geht er fort, nimt draußen seinen abschied von ihnen, setzt sich aufs Pferd, reitet die Schlössergasse hinaufwerts. dz Pferd aber schwingt sich zusehens eilends in die höhe, und führt ihn durch die luft gen Praga wider zu. Nach etlichen Wochen komt er wider von Prag gen Erffurt mit herlichen ihm dort verehrten presenten, bittet jene Geselschaft zu sich bei S. Michaël zu gast. Sie kommen, und stehen da nun in der Stuben: da ist aber gar keine Zuschickung nicht. Er aber klopft mit einem meßer an den tisch. Bald tritt einer hinein, und sagt: herr, was [ist?] wolt ihr? Er fragt: Wie behende bistu? Jener antwortet: Wie ein Pfeil. O nein, sagt D. Faust, du dienst mir nicht. gehe wieder hin, wo du bist herkommen. Darnach klopft er aber, und wie ein ander diener hineintritt, und fragt gleichfals, spricht er: wie schnell bistu denn? Wie der Wind, sagt jener. Es ist wohl etwas, spricht D. Faust, läst ihn aber auch wieder hinausgehen. Wie er aber zum drittenmal klopfte, da trat einer hinein, und sagte, als er auch so gefragt wird, er were so geschwinde, als der Menschen Gedancken weren. da recht, sagte D. Faust, du wirsts thun [...]

Zitiert nach Tille, s. o., Band 25, S. 50 ff.

---

(20)* Korrigiert aus: So spricht da.

7. Das Wagnerbuch

(1593)

Ander theil D. Johan Fausti Hi-
storien/ darin beschriben ist.
Christophori Wageners/
Fausti gewesenen Discipels auff-
gerichter Pact mit dem Teuffel/ so sich
genandt Auerhan/ vnnd jhm in eines Affen
gestalt erschienen/ auch seine Abenthewrli-
che Zoten vnnd possen/ so er durch beförde-
rung des Teuffels geübet/ vnnd was
es mit jhm zu letzt für ein
schrecklich ende ge-
nommen.

Neben einer feinen Beschreibung
der Newen Inseln/ was für Leute darin
wohnen/ was für früchte darin wachsen/
was sie für Religion vnnd Götzendienst ha-
ben/ vnnd wie sie von den Spaniern einge-
nommen werden/ Alles aus seinen verlasse-
nen schrifften genommen/ vnd weil es
gar kurtzweilig zu lesen/ in
druck verfertiget.

Durch Fridericum Schotum
Tolet: Jetzt zu P.
1593.

Aus: Franz Neubert: Vom Doctor Faustus zu Goethes Faust, s. o. S. 45.

Anderer Teil D. Johann Fausti Historien, darin beschrieben ist

Christophori Wagners, Fausti gewesenen Discipels auff-

gerichteter Pact mit dem Teuffel, so sich genannt Auerhan und ihm in eines Affen Gestalt erschienen, auch seine abenteuerlichen Zoten und Possen, so er durch Beförderung des Teuffels geübet, und was es mit ihm zuletzt für ein schrecklich Ende genommen.

Neben einer feinen Beschreibung

der Neuen Inseln, was für Leute darin wohnen,was für Früchte darin wachsen, was sie für Religion und Götzendienst haben, und wie sie von den Spaniern eingenommen worden. Alles aus seinen verlassenen Schrifften genommen, und weil es gar kurtzweilig zu lesen, in Druck verfertiget.

Durch Fridericum Schotum
Tolet: Jetzt zu P.
1593.

Anfang der Historien Christoph Wagners, D. Johann Fausten Famuli oder Diener, welcher nach seines Herrn Tod und Absterben durch Hilfe und Kunst desselben auch einen Geist bekommen; worinnen, was ihm derselbige gedienet und zuwege gebracht, auch was er mit ihm vorgehabt, ordentlich zu befinden.

Da der D. Johann Faustus seine Zauberey übte und mit dem bösen Geist, Mephostophiles genannt, umging, hatte er einen Diener bei sich (wie es denn bei den Studenten auf Universitäten noch heutigen Tages im Brauch, daß sie junge Knaben um sich haben, deren Dienst sie gebrauchen in Einheizen, Bierholen und Zuführen junger Weiber) mi Namen Christoph Wagner, welcher zu Wittenberg, als D Faustus studierete, betteln gegangen. Von wannen er abe gebürtig, oder wer seine Eltern gewesen, kann man noch zur Zeit nicht gewiß wissen. Man hält aber dafür, daß er ein unehelich Kind und außer der Ehe gezeugt war, weswege er dann auch niemanden gehabt, der ihn zur Schul gehalten oder auf ein Handwerk gedinget und sich sons seiner hätte annehmen mögen. Dem sei nun, wie ihn wolle; so hat D. Faust endlich diesen Jungen zu sich genommen und bei sich gehabt, ihn auch in der Philosophey instituiret, daß er für einen gelehrten Mann woh bestanden. Item: er, D. Faust, hat ihm auch vor seinen Ende seine Güter vertestiret, ihn zu einem Erben eingesetzt, und überdies auch in der schwarzen Kunst so wei gebracht, daß er die bösen Geister hat citiren und lade können, daß sie vor ihm erscheinen müssen, in was Gestal und Form er gewollt, und ihm allen Willen erfüllen und genugtun. Mit solcher Hilfe und Beistand hat er auch alle tun und zuwegebringen können, was sein Meister ode Herr gemacht hat, also daß er denselben in vielem übertroffen, mit mancherlei seltsamen, possierlichen, abenteuerlichen Geschichten billig vorgegangen, aber doch endlic auch seinen gebührlichen, verdienten Lohn (wie ihn den sein Meister auch empfangen und bekommen, mit Bezahlung der Haut, Leibes und Lebens Verlierung und Verscherzung von Heil und Seligkeit der Seelen) ausstehe und leiden müssen. Der allmächtige Gott, Vater, Sohn un Heiliger Geist, wehre und steure dem Satan und seine Mitgesellen, daß sie dem menschlichen Geschlecht nich mehr solchen Schaden zufügen, die Leute so jämmerlic verführen, in den Abgrund der Höllen stürzen und ewig in Verderben bringen mögen; er erleuchte unser aller Herze durch seinen Heiligen Geist, öffne uns die Augen de Verstandes, daß wir solche und andere böse List de Teuffels erkennen, verstehen lernen und uns davor hüten und täglich bitten, daß er uns nicht fangen möge, sonder seine lieben Engelein sende, uns zu bewahren, vor seine Anlauf zu behüten und zu beschützen, damit wir an ih hangen und des verheißenen Trost in Ewigkeit genießen möchten, Amen.

Helmut Wiemken: Doctor Fausti Weheklag. Neudruck. Basel 1980, S. 147 f.

Faust in der Volkssage

8. Johannes Jegerlehner: [Die Teufelswette]

Doktor Faustrus [sic!] zwang den Teufel, einen Pakt nach dem andern mit ihm abzuschließen, die er alle gewann. Einmal sollte der Teufel schwarze Wolle im Wasser weiß waschen. Er rieb eine dicke Steinplatte durch, ohne daß ihm das Kunststück gelang.
Einst nahm Faustrus einen Petrolbehälter, steckte unten in das Loch ein Feuerseil [Zündschnur], legte einen Laden obendrauf, auf dem der Teufel sitzen und sich halten mußte, damit er nicht in die Luft fliege. In dem Kessel war aber Pulver, und nun zündete Faustrus die Schnur an, und der Laden flog mit dem Teufel in die Luft.
Auf der Saaserstraße mußte der Böse Prellsteine setzen, und wenn er den Faustrus, der auf seinem Maultiere davon ritt, ereilte, so war er sein. Faustrus aber mußte sich beeilen, denn am Ende der Straße war ihm der Teufel schon auf den Fersen, und der letzte Stein fiel dem Maultier auf den Hinterfuß. Faustrus aber warf sich dem Tier auf den Hals und brachte sich damit außer Bereich.
Der Teufel kennt der Menschen Gedanken nicht. Am Zusammenfluß der beiden Visp stand Faustrus mit dem Schmiedehammer und sagte: »Errate, lege ich den Hammer diesseits ins Gras nieder, oder werfe ich ihn hinüber?« Faustrus machte natürlich das Gegenteil von dem, was der Teufel erriet, und gewann wieder.
Doch einst verlor er. Der Teufel mußte in einer Hutte Wasser den Berg hinauftragen, und da steckte er in jedes Loch, wo das Wasser ausfloß, eine Kralle, so daß die Hutte voll blieb. Da bat Faustrus, ihm in vier Worten noch zu

sagen, ob er noch Zeit habe, sich zu bessern mit Beten, Beichten und Buße tun. Er hoffte, der Teufel sage dann: Beten, Beichten, Buße tun, noch Zeit, der Teufel aber sagte »z'spat«, packte ihn und hielt ihn drei Tage lang in den Lüften, wo man ihn jammern und wehklagen hörte.

(Oberwallis)

Johannes Jegerlehner: Sagen und Märchen aus dem Oberwallis. Verlag der Schweizer Gesellschaft für Volkskunde, Basel 1913, S. 265, Nr. 10.

9. Friedrich Müller/Misch Orend: [Fausts Taten]

Eine sehr alt gewordene Frau, welche vor etwa zehn Jahren in Sächsisch Regen gestorben ist, erzählte ihren Enkeln folgendes: »Der berühmte Doktor Faust, von dem man überall Wunderdinge weiß, ist lange Zeit in Hermannstadt gewesen. Mein Großvater, der als Geselle dort in Arbeit gestanden, wußte viele Stückchen zu erzählen, die jener daselbst verübt hatte. So hatte er einmal als Kavalier mit mächtigen steinernen Kugeln auf dem Großen Ring Kegel gespielt, mit Kugeln, die sich während des Rollens in Menschenköpfe verwandelten und beim Stehenbleiben wieder Steine waren. Ein andermal war er in Gestalt des damaligen Stadtpfarrers spazierengegangen, und zwar auf dem Kirchendach, und hatte sich endlich zum Schrecken der Leute, die ihm zusahen, auf dem Turmknopf auf den Kopf gestellt. Als aber der rechte Pfarrer selbst hinauskam, sprang jener von der Turmspitze herab unter die Menge, die mit Entsetzen auseinanderstob; er kam aber auf die Erde als eine greuliche schwarze Katze mit feurigen Augen, die sich alsbald verlor. – An einem Jahrmarkt, als eben der Viehmarkt am stärksten war, hörte man plötzlich Trommeln und eine schöne Regimentsmusik, und statt der Schafe, Kälber, Ochsen und Pferde marschiert ein Regiment Soldaten einher. Während alles ob der Verwandlung stutzt und staunt und den eigenen Augen und Ohren nicht traut, gibt der Kapellmeister das Zeichen. Da hört man ein

tausendstimmiges Mäh, Oah und Jihihi! und sieht wieder die Schafe, Kälber, Ochsen und Pferde vor und um sich.
Als Baumeister hat er sich oft den Hermannstädtern angetragen, aber diese merkten gleich, mit wem sie es zu tun hatten, und wollten keinen Kontrakt machen. Einmal wollte er sie überreden, die Kirche und den Turm abzubrechen, er wolle ihnen in sieben Wochen eine weit größere und schönere bauen, wenn sie ihm den Platz auf dem Großen Ring, wo jetzt die katholische Kirche steht, überließen, damit er sich ein Haus da baue. – Dann wollte er den Mieresch nach Hermannstadt leiten, wenn man ihm erlaube, eine Mühle daran zu errichten usw.
Zuletzt wurde Doktor Faust, wie allgemein bekannt ist, zur Hölle geführt. Unser Herr Christus wollte ihn gerne retten, da er doch ein gutes Herz gehabt und vielen Armen Gutes getan hatte; aber er hatte sich dem Teufel so fest verschrieben, und dieser bewachte ihn immerfort so aufmerksam, daß auch bei dem besten Willen ihn niemand aus den Klauen desselben befreien konnte.« (Siebenbürgen)

Friedrich Müller/Misch Orend: Siebenbürgische Sagen. Otto Schwarz Verlag, Göttingen 1972, S. 155 f., Nr. 168.

Auswahlbibliographie

1. Zum historischen Faust

Henri Birven: Der historische Doktor Faust. Gelnhausen 1963.
Marcus Conradt/Felix Huby: Die Geschichte vom Doktor Faust München 1980.
Hans Henning: Faust als historische Gestalt. In: Goethe. Jahrbuch der Goethe-Gesellschaft, Neue Folge, Bd. 21. Weimar 1959, S 107–139.
Günter Mahal: Faust. Die Spuren eines geheimnisvollen Lebens Bern/München 1980.
Will-Erich Peuckert: Dr. Johannes Faust. In: Zeitschrift für deutsche Philologie 70 (1948/49), S. 55–74.

2. Zum Volksbuch von 1587

K. Fischer: Die Faustdichtung vor Goethe. In: ders.: Goethe Faust. Bd. I. Stuttgart 1878.
J. Fritz: Zur Bibliographie des Faust-Buches. In: Euphorion 1 (1912).
Inge Gaertner: Volksbücher und Faustbücher. Eine Abgrenzung Diss. (masch.), Göttingen 1951.
Horst Hartmann: Das Faustbuch – ein Volksbuch? In: Deutschunterricht Heft 9/1965, S. 510–515.
Hans Henning: Das Faust-Buch von 1587. Seine Entstehung, seine Quellen, seine Wirkung. In: Weimarer Beiträge Heft 6/1960 S. 26–58.
Hans Henning: Beiträge zur Druckgeschichte der Faust- und Wagner-Bücher des 16. und 18. Jahrhunderts. Weimar 1963.
Hans Henning: Faust-Bibliographie. Tb. I, Berlin 1966.
Lutz Mackensen: Die deutschen Volksbücher. Leipzig 1927.
Gustav Milchsack: Faustbuch und Faustsage. In: ders.: Gesammelte Aufsätze. Wolfenbüttel 1922.
Robert Petsch: Die Entstehung des Volksbuchs vom Doktor Faust. In: Germ.-Romanische Monatsschrift 3 (1911).
Robert Petsch: Lercheimer und das Faustbuch. In: Beiträge zur Geschichte der deutschen Sprache und Literatur 39 (1941) S. 175–188.

3. Zu den literarischen Fauststoffbearbeitungen

Horst Hartmann: Faustgestalt, Faustsage, Faustdichtung. Berlin 1979.

Hans Henning: Faust in fünf Jahrhunderten. Ein Überblick zur Geschichte des Fauststoffes vom 16. Jahrhundert bis zur Gegenwart. Halle 1963.

Carl Kiesewetter: Faust in Geschichte und Tradition. Leipzig 1893.

Leopold Kretzenbacher: Teufelsbündner und Faustgestalten im Abendlande (Buchreihe des Landesmuseums für Kärnten 23). Klagenfurt 1968.

Günter Mahal: Faust und der Bauernkrieg. Zu ihrer thematischen Verknüpfung vor Hanns Eisler. In: Materialien zu Eislers ›Johann Faustus‹. Hrsg. von M. Beilharz. Tübingen 1974, S. 33–44.

Günter Mahal (Hrsg.): Ansichten zu Faust. Stuttgart 1973.

Franz Neubert: Vom Doktor Faustus zu Goethes Faust. Leipzig 1932.

Robert Petsch: Faustsage und Faustdichtung. Dortmund 1966.

Hermann Reske: Faust – Eine Einführung. Stuttgart 1971.

Hans Schwerte: Faust und das Faustische. Stuttgart 1962.

Carl Theens: Doktor Johannes Faust. Geschichte der Faustgestalt vom 16. Jahrhundert bis zur Gegenwart. Meisenheim (Glan) 1948.

Klaus Völker: Faust. Ein deutscher Mann. Berlin 1975.

Wolfgang Wegner: Die Faustdarstellung vom 16. Jahrhundert bis zur Gegenwart. Amsterdam 1962.

. Einzelprobleme

Hans Biedermann: Handlexikon der magischen Künste. Graz ²1973.

.. Bittner: Beiträge zur Geschichte des Volksschauspieles vom Doktor Faust. Reichenberg 1922.

.. Blume: Der geschichtliche Wagner in den ältesten Volksbüchern vom Faust. Euphorion 26 (1925).

Klaus Günzel: Alte deutsche Puppenspiele. Berlin 1970.

. H. van't Hooft: Das holländische Volksbuch vom Doktor Faust. Haag 1926.

Barbara Könneker: Faust – Konzeption und Teufelspakt im Volksbuch von 1587. In: Festschrift für Gottfried Weber (Frankfurter Beiträge zur Germanistik 1). Bad Homburg 1967, S. 159–213.

Günter Mahal: Mephistos Metamorphosen. Fausts Partner als Repräsentant literarischer Teufelsgestaltung. Göppingen 1972.
Robert Petsch: Faustisches in deutschen Sagen. In: Zeitschrift für Volkskunde 26 (1916), S. 330–335.
Leander Petzoldt (Hrsg.): Magie und Religion. Beiträge zu einer Theorie der Magie. Darmstadt 1978.
Will-Erich Peuckert: Pansophie. Ein Versuch zur Geschichte der weißen und schwarzen Magie. Berlin ²1956.
Richard Rohde: Das englische Faustbuch und Marlowes Tragödie Halle 1910.
Erich Schmidt: Faust und das 16. Jahrhundert. In: ders.: Charakteristiken (S. 1–3). Berlin 1886.